한지의 숨결
박금숙의 닥종이인형 이야기

한지의 숨결

박금숙의 닥종이인형 이야기

박금숙 에세이

P 프로방스

추천사

　우리 민족은 예로부터 생활에 필요한 소품을 한지로 만들었고, 이를 공예품으로 발전시켜 왔습니다. 창호지, 부채, 반짇고리, 필통 뿐 아니라, 한지를 여러 번 겹쳐 그릇과 같은 생활용품으로도 사용되었습니다. 옻칠을 한 여러 겹의 한지로 만든 전쟁터의 갑옷은 화살도 뚫지 못했습니다. 화살도 이겨낸 한지의 힘은 사실, 언뜻 보면 보이지 않지만 밝은 곳에서 비추면 보이는 작고 섬세한 '결'에서 나옵니다. 어쩌면 한지는 작고 세심한 노력으로 강한 힘을 만들어낸 우리나라의 역사를 담고 있는지도 모르겠습니다.

　35년 동안 닥종이(한지) 인형을 만들어온 박금숙닥종이인형연구소 박금숙 대표는 '한지' 작가라는 이름에 걸맞게, 끊임없는 세심한 노력에서 큰 힘을 만들어 내고 있습니다. 전통을 이어 받으면서도 새로운 산업을 시도하고 남들이 가지 않는 길을 개척해가고 있기 때문입니다.

　이번에 출판되는 책 《한지의 숨결》은 우리 고유의 문화와 이야기를 한지 작품과 함께 녹여내어, 한지와 한지 산업에 대한 보다 많은 사람들의 주의를 집중시키고 있습니다. 이 책을 통해 우리나라의 전통과 역사를 감상할 뿐 아니라, 한지의 아름다움과 가치를 함께 공유하며, 한지와 함께하는 미래를 그려보는 시간이 되게 해준 박금숙 작가에게 감사의 인사를 전합니다. 작고 섬세한 '결'에서 시작하여 앞으로 더욱 강하고 큰 '힘'을 발휘할 작가의 행보를 기대합니다.

한국여성벤처협회 회장 윤미옥

추천사

전주 한옥마을의 〈박금숙닥종이인형연구소〉는 한국의 문화와 전통을 계승하고자 한국 고대 종이인 '닥종이'를 정성스레 한 장 한 장 붙이고 말리는 과정을 수없이 반복해서 인형을 만듭니다. 단순히 사람 모양을 만드는 것에 그치는 것이 아니라, 애정을 가지고 온기를 불어넣는 작업입니다. 그렇기에 보는 이의 감성을 움직이게 합니다.

《한지의 숨결-박금숙의 닥종이인형 이야기》 책은 닥종이인형이 주는 우리의 정서와 포근함, 그리고 추억을 담고 있습니다.

35년 동안 묵묵히 자신의 길을 걸어온 작가님의 원고를 읽어나가며 이 시대의 한국인의 전통을 이어가는 단비 같은 책이 나왔다는 생각이 들었습니다. 환하게 웃는 박금숙 작가님의 경험과 노하우가 모두 담겨 있는 듯합니다.

현재는 3D 프린팅 기술을 활용하여 보다 가볍고 쉽게 닥종이인형을 제작함으로써 세계인들에게 우리 닥종이인형을 널리 알릴 수 있도록 노력하고 있습니다. 머지않아 한국 전통을 알리는 닥종이인형이 세계 속에서 한국을 대표하는 문화상품으로 자리 잡게 될 것이라고 생각합니다.

(사)한국여성벤처협회 전북지회 회장 박금옥

추천사

한국의 전통 종이인 한지는 닥나무에서 얻은 자연 소재로 만들어지며, 그 특유의 부드러움과 강인한 질감은 수천 년 동안 한국 문화의 일부로 자리 잡아왔습니다. 이는 '견오백 지천년(絹五百紙千年)'이라는 옛 말에서도 알 수 있듯, 한지가 비단보다 오래 지속될 수 있는 내구성을 지닌다는 것을 의미합니다. 현대 사회에서도 한지는 그 실용성과 자연 친화적인 특성으로 인해 다방면에서 사랑받고 있습니다.

이러한 한지의 매력을 세계에 알리는 데 앞장선 분이 바로 박금숙 작가입니다. (사)한국종이접기협회 전북익산남중지회 지회장 및 종이문화원 한지조형예술분과 연구위원으로 활동하며, 한지 조형예술에 대한 깊은 헌신과 사랑은 많은 이들에게 영감을 주었습니다. 특히, 박금숙 작가가 운영하는 '닥종이인형연구소'는 닥종이인형을 통해 한지의 매력을 세계적으로 알리는 데 중요한 역할을 하고 있습니다.

《한지의 숨결》 출판은 박금숙 작가님의 깊은 예술 세계와 한지에 대한 이해를 나누는 소중한 기회입니다. 이 책을 통해 독자들은 한지의 부드러움과 강인함, 그리고 창조적 영감을 느끼며 한지 조형예술의 현대적 재해석과 아름다움을 발견할 수 있을 것입니다. 박금숙 작가님의 작품과 연구가 더욱 사랑받으며, 한지와 종이문화의 가치가 널리 퍼지기를 기대합니다.

사)한국종이접기협회 회장 주안나

추천사

사랑하는 독자 여러분,

이번에 제가 소개해 드릴 책은 그리 많은 사람들이 경험하지 못한 창조적인 힘을 품고 있는 특별한 작품집입니다. 이 책의 제목은 "한지의 숨결"입니다. 이 책의 저자 박금숙과 나는 대학 시절에 만나 지금까지 변함없는 우정을 유지해오고 있는 오랜 친구입니다. 우리는 비록 한국과 미국이라는 머나먼 거리를 사이에 두고 살아가고 있지만, 나는 우리 전통의 맥을 이어가기 위해 쉼 없이 달려가는 그녀의 끈기와 열정에 늘 감탄해 오고 있습니다. 그녀는 항상 전통 예술, 특히 한지공예의 아름다움과 잠재력에 매료되어 왔습니다. 그러한 그녀의 한지에 대한 지대한 관심과 사랑은 닥종이 분야에서 자식과도 같은 수많은 작품을 탄생시켰습니다. 그런 그녀의 작품과 스토리가 만나 《한지의 숨결》이라는 책으로 태어나게 되었습니다. 이 책에는 그녀의 혼이 담긴 수많은 작품들이 등장합니다.

이 책에서 그녀는 전통을 잃어가는 많은 이들에게 우리의 소중한 옛것을 보여주며, 독자로 하여금 시선을 새롭게 열 수 있는 여정을 안내합니다. 또한 고유한 한지의 섬세한 표현력과 그 안에 담긴 감성을 통해 우리의 마음을 두드립니다.

나는 작가 박금숙의 오랜 친구로서, 또한 그녀의 변화와 성장을 목격했던 한 사람으로서 그녀의 작품이 수많은 이들에게 영감을 줄 수 있을 거라 확신합니다. 뿐만 아니라, 이 책은 그녀의 작품과 함께 그녀만의 숨겨두었던 가슴 따스한 스토리가 담겨져 있어 더욱 특별합니다. 그녀의 끝없는 노력과 열정이 얼마나 큰 규모로 세상에 전해지고 있는지를 보여 줍니다. 이 책에 담긴 이야기는 독자로 하여금 희로애락의 감정을 불러일으킬 것이며, 독자의 마음을 충분히 따스하게 만들어줄 것입니다.

마지막으로, 박금숙과 그녀의 작품을 통해 우리의 세상이 조금 더 풍요롭고 아름다워지는 계기가 될 수 있기를 바라며, 그녀의 손끝을 통해 태어날 미래의 작품에도 커다란 기대를 걸어 봅니다.

김임순
• 미국 노스캐롤라이나주 거주
• 워싱턴 윤동주문학회 수필 당선, 2022/10

- 미주한국문인협회 시부문 신인상, 2022/2
- 미주한국문인협회 회원
- 워싱턴 윤동주문학회 회원
- 티 소믈리에
- 유투브, mamaleecooks 운영자
- Heart Of Korea 대표

프롤로그

35년.

닥종이인형을 만나지 벌써 35년의 시간이 흘렀습니다. 35년이란 세월을 한지와 함께 한 발 한 발 소의 걸음으로 걸어 왔습니다. 한 번도 다른 일을 해보지도 않고 오로지 한지와 함께 한 시간이었음을 기억합니다. 아가씨였던 제가 결혼하여 아이를 낳았고 그 아이가 벌써 성인으로 자랐습니다. 이제 저의 손은 늙었고 얼굴엔 주름살이 가득 합니다. 닥종이인형 책을 쓰다보니 35년의 세월이 주마등처럼 지나갑니다. 인형을 배우고 가르친다고 들였던 시간 안에 가족의 희생과 응원, 그리고 슬픔과 좌절, 새로운 희망과 성취, 수많은 인연과 수차례의 전시 등 어느 것 하나 소중하지 않은 것이 없습니다.

닥종이인형은 한 개를 만들고 나면, 만들어진 그 인형을 아이라고 부릅니다. 아이를 낳는 것처럼 오랜 시간 만들고 바라보고 기다리기 때문입니다. 오랜 시간과 애정을 들여 일생 함께 해온 닥종이인형은 저의 사랑하는 아이이자 가족, 저에게 꿈과 희망을 준 소중한 동반자와 같은 존재입니다.

제게는 여든 중반을 넘으신 친정어머니가 계십니다. 항상 바쁜 막내딸을 응원해 주시고 친정의 따뜻함을 느끼게 해 주시는 분이십니다. 주일 오후 잠깐 어머니를 뵈러 갔다가 피곤함을 이기지 못하고 낮잠을 자고 일어 났는데 제가 깰까봐 불도 켜지 않으시고 거실 책상에 앉아 글씨를 쓰고 계셨습니다. 벌써 몇 년 째 저 책상에 앉으셔서 성경필사를 하고 계십니다. 잠깐의 시간이었지만 소중한 모습을 사진에 담았습니다.

어머니가 옆에 계셔서 정말 좋습니다. 어머니가 옆에 계시듯 닥종이인형도 나와 함께 하는 좋은 벗이 되었습니다. 닥종이인형과 함께 했던 지난 35년 내내 제 곁을 지켜준 가족들의 얼굴이 하나하나 떠오릅니다. 보일듯 말듯 은은하게 응원해주는 남편과 자랑스런 아들, 대견한 딸. 큰 며느리를 큰 딸처럼 생각해 주시는 시부모님. 친정 아버지의 부재를 빈틈없이 채워주시는 큰 형부와 큰언니. 가족들을 아끼는 둘째 형부와 사랑하는 작은언니, 그리고 이제는 늠름한 어른이 되어 하나 둘씩 부모가 되어가고 있는 조카들. 야무진 동서들과 따뜻한 서방님들, 기특한 시조카들까지. 가족들의 지지와 잔잔한 응원이 저의 지난 35년을 만들어주었습니다.

끝으로 제게 책을 출판할 수 있게 도와주신 데일카네기 전북지사 유길문 지사장님과 추천사를 써주신 한국여성벤처협회 윤미옥 회장님과 한국여성벤처협회 전북지회 박금옥 회장님, (사)한국종이접기협회 주안나 회장님과 미국에 노스캐롤라이나의 김임순 친구에게 감사의 인사를 드립니다.

차 례

추천사 • 4
프롤로그 • 14

1부 | 세시풍속 닥종이인형 이야기

1. 김장(배추를 버무리는 품앗이) ·· 24
2. 혼례 ·· 28
3. 모내기 ··· 32
4. 세시 풍속 - 세배 ··· 36
5. 강강술래 ·· 40
6. 송편빚기 ·· 44
7. 단풍놀이 ·· 47
8. 단오 ·· 50
9. 팥죽쑤기 ·· 54
10. 팽이치기 ·· 58
11. 화전놀이 ·· 62
12. 서당 - '사랑의 매를 든 훈장님' ·································· 66
13. 연날리기 ·· 70
14. 다례(茶禮) ·· 74

2부 | 생활 속에 스며든 닥종이인형 이야기

1. 첫날밤 ··· 80
2. 교실 안 풍경 ·· 83
3. 삭삭이인형 ·· 87
4. 청사초롱 ·· 91
5. 사물놀이 ·· 95
6. 간재 전우 선생 ···································· 99
7. 나를 닮은 인형 ···································· 103
8. 수요일의 손님 ····································· 106
9. 꿈꾸는 닥종이인형 ······························ 110
10. 캐리커처 한지인형 ····························· 115
11. 냇가에서 ·· 120
12. 가족 ·· 124
13. 어린시절 '나무와 한 몸이 된 우리들' ········· 128
14. 세계는 하나 ······································· 132

15. 엘사와 올라프 ··· 135
16. 사각 닥종이인형 - 삶 ································· 140
17. 숨바꼭질 ··· 145
18. 엄마와 아들 ·· 150

3부 | 현대조형의 닥종이인형

1. 사각 닥종이인형 ······································· 156
2. 한지고무신 ·· 162
3. 3D 프린팅 한지인형 ································· 166
4. 디자인등 ··· 171
5. 한지예찬 ··· 175
6. 한류의 꽃 '한지' 모로코에 알리다 ················ 180
7. 나눔의 미덕 ··· 189
8. 전주한옥마을 문화장터 ······························ 194

9. 느리게 걷기 ·· 198
10. 한옥의 기와 ·· 202
11. 온기를 한 데 모으는 일 ·· 206
12. 여름 - 딸아이의 희생 ··· 213
13. 노랑과 회색의 조우 ·· 218
14. 한지의 색감과 부드러움(한지 한복 와인병) ················ 224
15. 모네의 수련이 주는 설레임 – 천년의 사랑 ········ 229
16. 사각 닥종이인형 '태권도' ······································ 234
17. 초긍정 메시지 작품 '웃음' ···································· 238
18. 한지와 고무신의 색감 ·· 242
19. 삽살개 ··· 248

4부 | 그 밖의 닥종이인형 ·· 252

1부

세시풍속 닥종이인형 이야기

1 김장(배추를 버무리는 품앗이)

"양념이 싱거우니 소금 조금 더 넣어야겠다."
"엄마, 여기 배추 갑니다요."
"여기 고추 다대기가 더 필요해요."
"엄마, 김치에 굴이랑 함께 먹어봐도 되나요?"

해마다 겨울이 되면 온 가족의 행사가 되고 있는 김장 만드는 풍경이다. 딸 셋만 있는 친정은 큰언니를 선두로 모두들 각자의 몫을 해낸다. 동네에서 오신 작은엄마(동네에서 나이가 제일 어리셔서 우리는 작은엄마라 불렀다), 유진엄마, 종환엄마, 운이엄마는 엄마와 함께 도미노처럼 품앗이로 돌아가며 도와주신다. 부엌에서 고기 삶느라 분주하던 작은 언니와 내가 점심을 준비하면, 모두들 방금 버물인 김치와 함께 밥 한공기를 뚝딱 비워버린다.

잠시 쉬는 틈엔 은은한 커피향과 함께 그동안의 안부를 물으며 '자녀들이 얼마나 컸는지, 사고는 없었는지, 얼마나 대단하게 자랐는지…' 서로서로 얘기꽃을 피우기도 한다. 내겐 일 년에 한 번 뵙는 분들도 있지만, 그분들이 친정 엄마와 얘기하시며 웃음꽃이 피어나는 이 시간이 나는 참 좋다. 김장 품앗이 속엔 서로의 오고가는 정(情)이 양념처럼 깃든다.

산더미처럼 쌓였던 배추들이 빨간색 옷을 입고 김칫독으로 들어가니 양동이엔 어느새 바닥이 보인다.

"수고 많으셨습니다. 건강하세요."
"다음에 유진이랑 종환이랑 양신이랑 함께 만나기로 했어요."
"그래라, 너네들은 자주 만나렴. 우린 간다."

동네 어르신들이 하나 둘 일어나시고 친정엄마는 뒷정리에 들어간다.

"이것은 첫째, 이건 둘째, 막내는 조금만 가져가고 나중에 익어지면 더 줄게~"

그리고 딸 셋과 엄마는 따뜻한 목욕탕에서 서로의 등을 두드려주며 하루의 피로를 잊는다.

「김장하는 날」은 겨울철 우리나라의 서민 행사인 '김장'의 전체적인 느낌이 돋보이도록 닥종이인형의 다양한 표정과 몸짓을 활용한 작품이다. 인형 하나하나의 표정과 몸짓에 담긴 서사를 통해 정겹고 왁자지껄한 김장 품앗이의 정경을 잘 표현하고자 하였다. 이 속엔 숨결처럼 이어온 우리의 살가운 민족의 정서 또한 질게 배어 있음을 느낄 수 있다.

2 혼례

"와아~ 오늘 새신랑과 새신부가 결혼한대!"
아이들의 소리에 왁자지껄 한 동네의 잔치! 전통혼례가 그것일 것이다. 집안과 집안과의 만남이 혼례로 이어지고 마을의 경사로 이어지는 예식이다.

전통 혼례는 크게 의혼(議婚), 대례(大禮), 후례(後禮)의 세 가지 절차로 진행된다. 의혼은 양가가 중매인을 통해 서로의 의사를 조절할 때부터 대례를 거행하기 이전까지를 말한다. 대례는 신랑이 신부 집에 가서 행하는 모든 의례를 말하는데 전안례, 교배례, 합근례를 포함한다. 후례는 대례가 끝난 뒤 신부가 신랑집으로 오는 의식과 신랑집에 와서 행하는 의례를 말한다.

신랑의 친구들이 결혼식 전날 파는 함에는 결혼예물과 옷감들이 들어있었으니, 함재비와의 실랑이는 동네의 구경거리였다. 함은 옻칠한 칠함이나 자개함이 보통이었고, 신랑집에서는 팥고물과 대추, 밤을 넣어 만든 찹쌀떡(봉지떡)을 한 시루를 정성껏 찐 다음, 시루째 소반 위에 갖다 놓고 그 위에 혼수함을 올려 놓았다가 가지고 가게 한다. 봉지떡에 박혀 있는 대추와 밤은 따로 떼 놓았다가 혼인 전날 신부가 먹도록 해야 한다.

함을 진 함진 아비는 대개 첫 아들을 낳은 사람으로 부부 간에 금슬이 좋은 사람을 선택하여 도중엔 함을 내려놓지 않고 신부집까지 가야한다. 옆에 같이 가는 사람은 횃불을 들고 가는데, 주로 저녁때 함을 보내기에 그러했다.

    혼례식 전단계로 의혼, 납채, 납폐의 과정을 거친다. 성혼(成婚)은 혼인을 완성시키는 의례이다. 먼저 신랑이 신부집에 기러기를 들여 불변의 약속을 하는 전안례(奠雁禮)를 행한 후 마당에 차린 대례청에 교배상을 가운데 놓고 신랑과 신부가 마주 서서 순서에 따라 절을 하는 의식인 교배(交拜)를 한다.

    신랑이 도착하기 전에 신부집에서는 대례를 치를 준비를 해놓고 기다리는데, 차일을 치고 병풍과 휘장을 둘러 식장을 마련한다. 이 상을 대례상, 친영상, 교배상이라고 한다. 교배상 위에는 촛대(2개), 용떡(청실), 암탉(홍실), 소나무화병, 대나무화병, 밤, 쌀, 대추를 진설한다. 진설된 내용 중 용떡은 흰떡을 용 모양으로 틀어 올려서 대추와 밤으로 눈과 입을 만든 것으로 출세를 상징한다. 쌀은 부를, 대추는 수를, 밤은 복을, 닭은 자손을, 소나무와 대나무는 절개를, 청홍실은 금슬을 상징한다고 한다. 옛 조상들은 상 위에 놓인 떡 하나 과일 하나에도 의미를 담았으니 결혼을 준비하는 모든 것에 얼마나 신중했는지 가히 알 수 있다.

「혼례」는 이러한 우리 전통혼례의 아름다움과 정겨움을 표현한 작품이다. 신부는 부끄러워 고개를 들지 못하고 두 손을 이마 위에 올려놓고 다소곳한 모습이고, 꼬마 신랑은 의젓하게 신부 앞에 예를 차린 모습이다. 동네의 잔치인 만큼 많은 하객들이 모이는데 길을 가던 나그네도 쉬어 갈 만큼 우리네 혼례는 마음 넉넉하고 정겨운, 이웃이 함께 하는 잔치였다.

때로는 닥종이인형은 사라져 가는 전통문화를 지켜주고 보손해주는 지킴이 역할을 하는 것 같다. 초례청에서 맞절하는 신랑 신부의 마음이, 그들을 축하하는 하객들의 마음이 전통혼례의 아름다움과 함께 작품 속에 오래도록 머물렀으면 좋겠다.

3 모내기

 어릴 적 학교에서 돌아 온 나는 "엄마, 엄마, 어디 계세요?"라고 부르며 엄마를 찾으러 동네 한 바퀴를 돌아다녔다. 엄마께서는 어떤 때는 밭에서 일하고 계셨고, 어떤 때는 동네 어귀 친구네 밭에서 품앗이를 하고 계셨다. 엄마가 어디 계신지 확인하고 나서야 동네 친구들과 놀러 다녔었다.

　여름이 다가오는 계절이 되면 논에는 모내기가 한창이었다. 논 한쪽에 물을 가두어 반듯하게 못자리를 만들어 볍씨를 직접 파종해 육묘 모가 자라면 손으로 모를 쪄 지푸라기로 묶어 논에 군데군데 나른 후 양쪽에서 두 사람이 못줄을 띄워 줄과 간격을 맞춰 손 모내기를 했었다.

　어릴 적 아이들도 초등학생이 되면 으레 모내기, 보리 베기, 벼 베기 등 일손 돕기를 나갔던 기억이 있다. 어리다고 못줄 잡는 걸 도왔었는데 모내기 새참이 언제 오나 목이 빠지게 기다리던 생각이 난다. 모내기 때 새참으로 삶은 국수가 나오기도 하고 보리밥에 배추쌈이 나오기도 했는데 그 맛은 얼마나 맛있었는지…. 요즘은 기계가 짧은 시간에 끝내다 보니 예전처럼 논에서 새참 먹는 일이 드물어졌다.

　모심기는 못자리에서 기른 모를 쪄내어 본 논에 옮겨 심는 일이다. 모를 심기 위하여 못자리에 볍씨를 뿌리고, 이 볍씨가 일정기간 자라서 모가 되면 논에 옮겨 심는데, 이것을 이앙법이라 한다. 우리나라의 벼농사에서 모내기가 언제부터 시작되었는지는 확실하지 않으나, 최초의 기록은 『고려사』에서 찾아볼 수 있다.

고려말 공민왕 5년(1356)에 "백성들이 종자(씨)를 심고 모를 꽂는 두 가지 방법을 겸해 힘쓰면 이것으로 역시 한재를 막을 수 있고 곡식 종자를 잃어버리지 않을 것입니다."라는 기록으로 보아, 이미 고려시대부터 사용되었음을 알 수 있다. 그리고 모내기에 의한 농사법이 널리 보급된 것은 조선 중기 이후부터이며, 그 이전에는 논에 물을 대고 논바닥을 고른 다음 종자를 뿌리거나, 밭 상태의 논을 고르고 종자를 뿌리는 직파재배법에 의하여 대부분 논농사가 이루어졌다.

요즘은 이 모든 작업을 기계가 대신해서 편리하긴 한데 트랙터 값이 적게는 몇 천 만원부터 1~2억에 이르니 농민들의 허리는 펴질 날이 없다.

작품 「모내기」는 세월 저편에 묻혀 있었던 어릴 적 추억을 불러오는 작품이다. 이마에 흐르는 땀을 소매로 훔치며 모내기를 하던

삼촌과 동네 어르신들. 모내는 시간이 길어지면 동네 어르신의 판소리 '사랑가'가 들려온다. 잠시 그 가락에 몸을 맡기며 '얼쑤' 추임새도 넣고 함박웃음을 짓는다. 모내기는 서로에게 힘이 되어주고 농사가 잘 되길 비는 작은 신앙과 같았다.

 지금은 그 많던 논들에 아파트와 건물이 들어서 있어 이제는 추억으로만 그 시절을 회상하는데 닥종이인형으로 '모내기 풍경'을 표현할 수 있어 좋았다. 엄마 손을 잡고 모내기 새참 먹으러 가던 그때의 햇살을 어찌 잊으리…. 작품 속에 그때의 햇살도 몇 줌 담겼으면 좋겠다.

4 세시 풍속 – 세배

어느 민족이나 그들이 지녀온 풍속에는 그 나름대로 기원과 아름다움과 멋이 있다. 우리 민족의 세시풍속 역시 다른 민족에게 결코 뒤지지 않는 우리 생활환경에 가장 잘 어울리는 고유의 아름다움과 멋이 있다.

우리의 세시풍속은 예로부터 전해지는 농경 사회의 전통인데, 한 해의 절기와 계절의 변화에 맞춰 진행되는 생활 관습을 말한다. 설날·정월·대보름·단오·주석과 같은 명절이 되면, 오랜 전통에 따라 새 옷으로 갈아입거나 술과 음식을 장만하여 제사를 지내는 등 여러 가지 행사가 진행된다. 이러한 행사는 오랜 생활문화로 정착되어 매년 되풀이되는 관습이어서 이를 세시풍속이라 부른다. 세시풍속이 생활에 정착된 시기는 일정하지 않으며, 사람들에게 공감을 주었거나 필요에 의해 관습처럼 되었을 것이라고 추측된다.

인간이 동일한 문화적 환경과 역사 속에서 생업과 언어를 같이하여 오는 동안 '생활 관습의 동질성'을 낳게 되는 것은 당연한 일이다. 즉 세시풍속은 생활을 떠나서는 생각할 수 없는, 계절적으로 반복되는 생활습속 그 자체인 것이다.

세시풍속은 넓은 지역에서 향토 단위의 문화현상으로 나타나거나 아니면 민족, 국민 단위로 나타나기도 한다. 이는 세시풍속이 오랜 문화적 공감대와 동질성에 의해 채택되고 토착화되어, 널리 전파되고 전승되어갔음을 의미한다. 그러기에 한 번 토착화되면 생활양식이나 의식에 큰 변화가 없는 한 오래 지속되기 마련이다. 그리고 넓은 지역의 많은 사람들에 의해 반복되는 생활의 관습이 될 때 세시풍속은 확고한 뿌리를 내리게 된다.

"할아버지 할머니! 새해 복 많이 받으세요."
"할아버지 할머니, 오래오래 건강하세요."
매년 정월 초하루에는 아이들이 한복으로 갈아입고 어른들에게 세배를 드린다. 정월 초하룻날은 새해를 맞이하는 첫날로서, 이 날을 '설날'이라 하여 연시제(年始祭)를 지내며, 웃어른께 세배를 드린다. 그리고 세배하러 온 손님에게는 술·고기·떡국을 대접한다. 초하루에서 초사흗날까지 관공서는 공사(公事)를 보지 않고, 각 상점도 문을 닫는다. 설날에는 일가친척 및 친지를 만나면 '덕담(德談)'이라

하여 서로 새해를 축하하는 인사를 한다.

 설날의 놀이로 남녀가 모이면 다 같이 '윷놀이'를 하고, 젊은 부녀자들은 '널뛰기'를, 남자들은 '연날리기'를 한다. 또 각 가정에서는 설날 이른 아침에 '조리'를 사서 벽에 걸어 두는데 이를 '복조리'라 하며, 그해의 신수를 보기 위하여 '토정비결(土亭秘訣)'을 보기도 한다.

 할아버지와 할머니께 세배 드리는 손자손녀들의 정겨운 모습은 우리가 오래 보존해야 할 아름다운 풍속 중 하나이리라.

 "새해에는 부모님 말씀 잘 듣고 공부도 열심히 하거라. 옛다. 복돈이다."

 어른들이 주는 복돈을 들고 아이들은 마냥 즐겁다. 아이들의 꿈도 설날아침에 띄우는 연처럼 하늘 높이 솟아오른다.

5 강강술래

한가위 추석이 되면 옛 조상들은 씨름, 소싸움, 줄다리기, 가마싸움 등의 놀이를 즐겼다고 한다. 이러한 한가위 놀이 중에서도 아낙들이 밝은 달빛 아래서 함께 즐겼다는 놀이인 강강수월래는, 이순신 장군의 의병술과 관련된 일화로 유명해져 더 널리 보급되었다고 전해진다. 현재 중요무형문화재 제 8호로 지정되어 있는 강강수월래는 주로 전남 해안 일대에서 성행되어 왔고 '강강술래'로 표기하기도 한다.

강강수월래는 수확기를 마치고 달이 가장 밝은 날 밤 고대인들이 벌였던 추수기 가무축제에서 유래 되었다는 것이 현재의 주된 설이다. 추수를 마친 풍성한 한가위 추석의 놀이인 강강수월래가 이순신장군의 명량해전에서 적을 기만하는 의병술로 채택되어졌다는 이야기가 오래 전부터 전해져 오고 있다. 명량해전의 당일 날을 기록한 《난중일기》에서는 "왜 함대 133척이 곧바로 우리 전선들을 에워쌌다"고 기록되어 있어 조류가 바뀌기 전까지 이미 왜선들과 사생결전을 펼친 것으로 보여진다.

어릴 적 친구들과 원을 그리며 강강술래 노래를 불렀던 기억이 난다. 초등학교 음악선생님께서 선창을 하시면 우리는 손을 잡고 강강술래, 강강술래… 반복하며 노래를 불렀다. 짓궂은 친구는 선생님 선창 대신 다른 말들을 집어넣어 우리를 웃게 만들었다.

강강술래 강강술래
산아 산아 추영산아 놀기 좋다 유달산아/강강술래 강강술래
꽃이 피면 화산이요 잎이 피면 청산이라/강강술래 강강술래
청산 화산 넘어가면 우리 부모를 모시련만/강강술래 강강술래
우리 부모 명자씨는 어느 책에가 씌여 있나/강강술래 강강술래
강강술래 강강술래

하늘의 달은 얼마나 많은 세월을 흘러 여기까지 왔을까? 지금은 달을 볼 기회가 많지 않은 듯하다. 어린 시절의 달과 관련된 추억을 떠올려 본다. 혼자 밤길을 가다 무서웠는데, 약간 기울어져 동그란 모습은 아니지만 달이 밤길을 환히 비춰주어 무서움을 이

길 수 있었다. 또 한 번의 달은 커다란 모습으로 다가왔다. 정월 대보름달이었는지 늦게 귀가하는 저에게 '대낮처럼 환하다'라는 느낌을 선사해 주었고 달에게 이런 저런 이야기를 하며 집에 온 적이 있다. 그러고 보니 내 곁에 항상 있었던 달을 잘 챙기지 않은 것이 미안해진다.

작품 「강강수월래」는 소녀들이 손에 손을 잡고 원을 그리며 추는 모습을 밝고 정겨운 느낌으로 표현하였다. 나들 표정도 밝을 뿐 아니라 동일한 색상의 옷을 입힘으로써 동질성의 느낌을 극대화했다. 한 마음 한 뜻으로 소녀들이 동그랗게 서로 손을 맞잡아 만든 원은 서로를 격려하는 연대의 따뜻한 울타리가 되었다. 닥종이인형의 강강수월래하는 얼굴을 보며 한 해의 소원을 비는 소녀들의 마음을 느낀다.

6 송편빚기

아들만 셋이 있는 시댁의 맏며느리가 된 나는 결혼 후 32년 동안 명절 때마다 한복을 입는다. 둘째 서방님이 결혼하고 둘째 동서

도 한복을 입고, 셋째 서방님이 결혼하여 셋째 동서도 한복을 입었다. 시어머니께서는 '명절이 며느리 셋의 한복을 통해 온다'고 좋아하셨다.

해마다 추석이 되면 한복을 곱게 차려 입고 송편을 만드는데 송편은 추석의 대표적 음식으로, 제일 먼저 수확한 햅쌀과 햇곡식으로 빚은 송편을 '오려 송편(올송편)'이라고 하여 한 해의 수확에 감사하며, 조상의 차례상과 묘소에 올린다.

"누구 송편이 제일 이쁜지 볼까?" 시어머니의 말씀에 며느리 셋은 괜한 경쟁심에 송편을 예쁘게 빚으려고 양손이 바쁘다. "송편을 예쁘게 만들어야 예쁜 딸을 낳는단다." 웃으시며 농으로 던지시는 시어머니 말씀에 며느리 셋은 눈가에 웃음을 머금는다.

송편은 왜 반달모양으로 만들었을까? 《삼국사기》에 의하면 백제 의자왕 때 궁궐의 땅속에서 꺼낸 거북이 등에 '백제는 만월이고, 신라는 반달'이라는 글자가 새겨져 있었다고 전해진다. 이를 보고 이상하게 여긴 의자왕이 점술가를 물러 물으니 "백제는 달이 차올라 이제는 기울기 시작할 것이고, 신라는 반달이기에 달이 차올라 번창하게 될 것이라"라고 해석을 했다고 한다.

이후에 신라가 삼국을 통일하게 되고, 점술가의 말이 사실로 증명됨에 따라 '반월이 보다 나은 미래를 보여준다'고 해석해 송편을 빚을 때 반달모양으로 빚기 시작했다고 한다. 또 다른 설로는 농사를 지었던 우리 조상들이 달을 숭배하는 사상이 있어 선조들이 자연스럽게 달 모양을 본떠 송편을 빚었다는 유래도 있다.

송편 안에 소를 넣기 전에는 보름달 모양을 하다가 소를 넣고 접게 되면 반달모양으로 변하게 되니, '송편 하나에 보름달과 반달 모두 다 들어있는 셈'이라 참 재미있다. 참깨, 밤, 콩, 팥, 대추, 꿀, 고구마, 녹두, 오미자, 호두, 잣 등등 송편엔 들어가는 다양한 소 재료들이 있다. 거기에 가족의 정과 솔잎 향까지 은은히 더해진다. 명절날 온가족이 모여 송편을 만드는 우리네 풍습이 참 정겹다.

7 단풍놀이

아버지께서 교사로 계셨을 때 소풍을 따라간 적이 있다. 초등학교 2학년 때의 일이었는데 꽃들이 만발한 길들을 바라보기만 해도 좋았던 시간이었다. 용인 민속촌에서 아빠 손을 잡고 한국의 전통적인 옷과 집들을 구경하며 얼마나 신기해했던지…. "아빠는 막내를 많이 예뻐하셨지. 막내가 사 달라고 하면 무엇이든 들어주셨으니까." 친정 엄마가 회상하시는 아버지는 나에게 늘 관대하신 아버지였다.

　　「단풍놀이」도 아버지에 대한 회상을 모티브로 만든 작품 중 하나다. 들과 산의 울긋불긋한 꽃과 나무들의 향연 속에 가족의 웃음소리가 해맑게 들리는 듯하다. 아들을 원하셨던 엄마와 달리 "딸 셋이어도 좋다"고 말씀하시던 아버지. 아버지께서 살아생전에는 벚꽃놀이며 단풍놀이를 가족들과 함께 자주 다니시곤 했다.

　　한참 사춘기를 겪던 초등학교 6학년 때의 일이었다. 혈액형을 배우고 부모님과 닮은 곳이 있나 없나를 살펴보던 때의 일이다. "엄마! 나는 누구 닮았나요? 엄마는 얼굴도 갸름하고 아빠는 쌍꺼풀도 있는데… 나는…?" 엄마는 씨잇 웃으시며 "아빠 오시면 아빠에게 여쭤보렴." 하고 말씀하신다.

어린 마음에 아빠를 종종 기다리는데 아빠가 오셨다. "아빠! 저는 누굴 닮았나요? 엄마는 얼굴도 갸름하고 아빠는 쌍꺼풀도 있는데… 나는…?" 아빠는 웃으시며 나를 무릎에 앉히신다. "막내야! 손을 펴보렴." 울먹이며 손을 펴는 내 손 옆에 아빠가 손을 펴신다. "아빠 손가락 중 맨 마지막 새끼손가락을 보면 약간 휘었지? 막내니 손가락도 보면 휘어 있잖아. 이건 아빠 딸이라는 증거란다." 내 얼굴에 환한 웃음이 번졌다.

산과 들에 꽃들과 나무들은 단풍으로 새 옷을 입고 나를 맞이하는데 그리운 아버지는 다시 볼 수 없으니 마음이 먹먹하다. 인형으로라도 아빠를 부를 수 있으니 좋다. '딸 셋이라도 좋다'던 아빠의 말이 단풍처럼 가슴에 물이 든다.

8 단오

어릴 적 동네 마을 공터에는 널뛰기가 있었다. 상대방과 함께 널을 뛰어야하는데 박자가 맞지 않으면 널이 돌아가거나 넘어지기 쉬었다. 어른들이 모여서 널을 뛰면 널 가운데 앉은 분의 손을 잡아보거나 수를 헤아리는 일을 하던 생각이 난다. 해마다 5월이 되면 단오 날 뒷산 나무에 매달아 놓은 그네를 서로 타려고 해 순서를 가위 바위 보로 정하던 날도 있었다.

　　싶으로 뉜 새끼로 만는 그네가 헐거워 낳어지기도 했지만 단오 날 탈 그네는 동아줄 같은 단단한 그네여서 길이도 길고 탄탄해 보였다. 누가 더 높이 그네를 타는지 시합도 하고, 누가 더 높은 곳까지 보았는지 얘기도 하던 단오 날.

　　동네 친구들과 신나게 놀던 다음 날 대야에 있는 물을 보며 "엄마 이게 뭐야? 왜 물이 검정해?" 라고 질문 한 적이 있다. 엄마는 빙그레 웃으시며 대답하셨다. "이 물로 머리를 감으면 머리카락이 윤기가 나고 건강해 진단다." 어린마음에 평소와 다른 물로 머리를 감는 것이 싫어서 감기 싫다고 떼를 쓰기도 했던 기억이 있다. 우리 집 꽃밭에 있던 창포잎은 해마다 5월이 되면 엄마의 머리감는 물로, 때로는 언니들과 나의 머리 감는 물을 만드는데 사용되곤 했다. 초록의 긴 창포 잎은 머릿결처럼 길게 자라 집 앞 또랑에서 자주 발견되기도 했다. 친정어머니는 시골에서 사셨던 분이라서 그런지 풍속과 절기를 잘 알고 계셨다.

단오는 음력 5월 5일을 명절로 이르는 말이다. 단오의 단(端)은 첫 번째를 의미하고, 오(午)는 오(五), 곧 다섯과 뜻이 통하므로 단오는 초닷새를 말한다. 원래 음양철학에서는 기수(奇數)를 양(陽)으로 치고 우수(偶數)를 음(陰)으로 치는데, 기수가 겹쳐 생기(生氣)가 배가(倍加)되는 3월 3일이나 5월 5일, 7월 7일, 9월 9일을 중요하게 생각하였다. 그 중에서도 단오는 일 년 중 양기(陽氣)가 가장 왕성한 날이라 하여 큰 명절로 여겨왔다.

단오를 닥종이인형으로 표현할 때 어릴 적 모습이 생각나 흥이 났다. 뒷산 소나무 숲에 있던 제일 큰 나무를 다시 본 듯한 기분 좋은 작업이었다. 널뛰기를 하기에도 가장 좋고, 그네타기를 하기에도 가장 좋은 날! 지금도 5월이 되면 엄마의 정원에는 초록빛 창포에 노란 꽃이 핀다.

9 팥죽쑤기

동지는 일 년 중에서 밤이 가장 길고 낮이 가장 짧은 날이다. 시골 산서 외할머니 댁에 가면 작은설이라 하여 동지에 팥죽을 쑤었는데 동네 곳곳에 팥죽을 떠서 나눠 먹곤 하였다. 어느 해 동짓날에 외할머니 댁에 온 거지를 외할머니께서 반상에 반찬과 팥죽을 내어 주시던 것을 기억한다.

　배를 얼마나 곯았는지 밥도 두 그릇을 금방 다 먹던 그 아저씨가 생각났다. 사촌과 나는 무서워서 자리를 피했지만 그 거지는 외할머니네 지게를 가지고 나가 산에 있는 나무를 한 짐 베어다 주고 갔다고 하셨다. 외할머니의 정성에 보답하신 것일까? 어린 마음에 그 아저씨가 왠지 멋져 보이기까지 했었다.

　동지는 하지로부터 차츰 낮이 짧아지고 밤이 길어지기 시작하여 동짓날에 이르러 극에 도달하고, 다음날부터는 차츰 밤이 짧아지고 낮이 길어지기 시작한다. 고대인들은 이날을 태양이 죽음으로부터 부활하는 날로 생각하고 축제를 벌여 태양신에 대한 제사를 올렸다. 《동국세시기》에 의하면, 동짓날을 '아세(亞歲)'라 했고, 민간에서는 흔히 '작은 설'이라 하였다고 한다. 태양의 부활을 뜻하는 큰 의미를 지니고 있어서 설 다음 가는 '작은설'의 대접을 받은 것이다.

 그 유풍은 오늘날에도 여전해서 '동지를 지나야 한 살 더 먹는다.' 또는 '동지팥죽을 먹어야 진짜 나이를 한 살 더 먹는다.'는 말을 한다. 동지하면 가장 떠오르는 음식이 팥죽이다. 팥죽은 동짓날 나쁜 귀신을 물리쳐 집안이 평안하기를 기원하는 의미에서 유래됐지만, 팥죽은 영양 면에서 훌륭한 음식이라고 해서 최근에는 다이어트 음식으로 각광을 받고 있기도 한다.
 팥은 쌀, 콩과 함께 우리나라 사람들이 즐겨먹는 오곡 중 하나이다. 일명 빨간 콩이라고 불리는 팥. 팥은 신장에도 좋은 음식 중에 하나이다. 이뇨작용으로 인한 부종 완화에도 좋은 음식이고 변비에도 좋다고 한다. 이런 좋은 재료로 만든 게 팥죽이다.

 팥죽을 보니 어릴 적 보았던 거지 아저씨가 생각난다. 음식이 귀했던 시절엔 음식을 나누는 마음이 더 따뜻하고 정겨웠던 것 같다. 요즘은 더 먹으라고 하시는 엄마의 정을 뿌리칠 때가 많다. 지금은 먹기 싫다고 하면 두 번 권하지 않는 시대요, 또 음식을 이웃과 잘 나누지도 않는 시대가 되었다. 음식에도 정(情)을 새알처럼 듬뿍 담아 마음을 나누었던 그 시절이 벌써 그립다.

10 팽이치기

"때리면 때릴수록 좋아하는 것은?"
"팽이"

아이들과 수수께끼를 하며 한지공예 수업을 할 때 종종 던지는 질문이다. 요즘 아이들은 '탑블레이드'라는 팽이를 치지만 우리가 어렸을 땐 그런 팽이가 없었기에 나무 아래쪽에 구슬을 박아 만든 팽이를 가지고 놀았다. 어릴 적 동네 친구들과 하던 구슬치기, 자치기, 팽이치기는 남자아이들이 주로 하는 놀이였고, 고무줄은 여자아이들이 즐겨 하는 놀이였다.

닥종이인형 작품 「팽이치기」는 동네에서 남자아이들이 모여서 '팽이 오래 돌리기' 팽이싸움을 하는 모습을 인형으로 만든 것이다. 팽이치기의 경기방법은 여러 가지가 있는데 첫 번째는 무작정 팽이를 오래 돌리는 것이다. 이것은 팽이를 힘차게 치면서 무작정 팽이를 오래 돌리는 방법으로써 가장 단순하면서도 보편적인 팽이치기이다. 두 번째는 팽이싸움으로써 팽이를 오래 돌리면서도 그 팽이를 가지고 서로 상대방과 튕기면서 싸우는 방식이다. 세 번째는 팽이를 돌리면서 목표에 돌아오기 방식이다. 이 방식은 팽이를 돌리면서 정해진 구간에 돌아오는 방식으로 집중력과 끈기와 열정이 필요한 놀이이다.

팽이의 정확한 기원은 알 수 없지만 옛날 도토리나 상수리처럼 둥글고 아래가 뾰족한 물체를 돌리면서 시작되었다고 한다. 전국적으로 '뺑이', '뺑돌이', '패이', '팽오리' 등 각 지역마다 불리는 이름이 각각 다르고 그 중에서도 팽이라는 이름이 제일 흔하고 많이 알려진 이름이라고 한다. 일반적인 팽이는 손으로 돌려 팽이채로 때리는 팽이이고 또 하나의 팽이는 줄을 돌돌 말아 힘차게 돌려주면서 싸우는 팽이다.

얼음판에서 팽이치기를 할 때도 있었는데 이때에는 유의해야 할 점이 있다. 얼음판에서 진행이 되는 만큼 안전에 유의해야 한다. 팽이치기를 할 때, 옆에서는 썰매를 타니 썰매날에 손이 베이기도 하고 얼음이 녹아 물속에 빠지기도 하고 정말 많은 일들이 있었던 것 같다. 하지만 그런 위험 속에서도 천진만난하게 놀았던 기억들이 있다. 어릴 적 동네 친구들이 한 곳에 모여 얼음이 언 논두렁에서 팽이를 치던 모습이 생각난다. 매서운 바람도, 펄펄 내리던 눈도 친구들과 뛰노는 즐거움을 막진 못했다.

팽이는 돌면서 나이테 같은 겹겹의 아름다운 원을 만든다. 작품 속에 담긴 동심의 원(圓)이 추억과 함께 오래도록 멈추지 않고 계속 잘 돌아갔으면 좋겠다.

11 화전놀이

해마다 봄이 되면 산에 들에 울긋불긋 꽃들의 향연에 눈이 부시다. 언젠가 엄마를 따라 완산칠봉에 오른 일이 있다. 어린 나이에

패기로 엄마를 앞서 가다 힘에 겨워 씩씩 대고 있을 때 발그레한 얼굴로 나를 쳐다보는 분홍빛 진달래를 유심히 쳐다본 적이 있다.

"아가, 진달래 꽃잎을 따서 봉지에 담으렴."

그때 나는 엄마가 이것으로 무얼 하려 그러시나 궁금했지만 꽃잎 따는 재미에 열심히 따고 내려 온 기억이 있다. 며칠 뒤 엄마는 꽃잎을 예쁘게 말려서 화전을 부쳐주시며 내게 말씀하셨다.

"우리아기가 따서 더 맛있겠다. 먹어보렴."

또 몇 년이 지난 후 엄마는 아빠가 보시는 책 속에서 진달래의 향기를 맡게 해주셨다.

화전놀이는 진달래가 피어나는 춘삼월에 부녀자들이 경치 좋은 인근 산천을 찾아 화전을 부치며 노는 꽃놀이였다. 이날만큼은 여성들이 자유롭게 음주가무와 놀이 등을 즐길 수 있는 세시 행사 중 하나였다. 지방에 따라 화전놀이, 화류놀이, 꽃놀이, 꽃달임이라 하며, 화류(花柳) 또는 회취(會聚)라고도 한다. 주로 남부지방에서 많이 행해졌다.

이날은 화전뿐 아니라 각기 분담한 음식 장만에 특별한 관심을 두었으니, 정갈하게 잘 차려낸 좋은 음식과 맛으로 남의 칭찬을 살 수 있도록 궁리하였다. 화전놀이는 서로의 솜씨를 뽐낼 수 있는 자리였기 때문이다.

푸짐한 먹거리가 마련되면 본격적인 놀이판이 벌어진다. 판마다 한결같지는 않았지만 음주가무를 즐기고, 시댁 식구 흉보기를 비롯해서 거리낌 없는 담화가 이루어졌다. 음주가무와 자유로운 담화 말고도 신명풀이가 끊이지 않도록 다양한 놀이들이 베풀어졌다. 대표적인 놀이가 윷놀이와 꽃싸움이다. 화전놀이는 여성들이 평소 숨겨두었던 다양한 재주를 마음껏 드러내는 경연장이 되어, 연극과 엉덩글씨, 봉사놀음, 꼽사춤과 병신춤, 모의혼례와 같은 다채로운 놀이로 채워졌다.

《삼국유사》에 따르면
"김씨의 종가 재대 부인이 죽어서 청연 웃골에 장사지내고 그곳을 재매골이라 하였으며, 매년 봄철이면 김씨 문중 남녀가 이 골짜기 남쪽에 있는 시냇가에 놀이판을 차리게 되니, 때는 마침 배화가 만발하고 송아꽃이 누렇게 달린다."고 하였다.

  화전놀이는 한 집안 일가친척 중에서도 특히 부녀들이 모여서 하던 것으로 보아 신라 때부터 있었던 유풍이 아닌가 한다. 오랜 유래를 가진 화전놀이는 우리 산천의 기후와 아름다움과 잘 어울린다. 화전놀이는 그런 자연적 순환과 아름다움을 즐길 줄 아는 선조들의 고상한 습성에서 나온 놀이였던 것이다.

  작품 「화전놀이」엔 시간에 녹슬지 않는, 봄날의 흥취와 웃음과 즐거움과 자유로움과 꽃내음과 화전의 향긋함과 이웃 간의 정과 오랜 전통이 담겨 있다. 엄마와 나의 추억을 가지고 있는 화전놀이. 화전을 붙이면 동네 어른들께 나눠 주러 가던 나이 어린 꼬마가 지금도 그곳에 가면 이리저리 뛰어놀 것만 같다.

12 서당 – '사랑의 매를 든 훈장님'

"서당 개 삼 년이면 풍월을 읊는다."라는 속담이 있다. 그만큼

서당이 오랜 세월 동안 교육기관으로서 역할을 톡톡히 했다는 의미일 것이다. 과거 조선시대에는 대부분의 양반 자제들이 아이 때부터 성년이 될 때까지 주로 서당에서 교육을 받았다. 그리고 한 가지 흥미로운 사실은 우리가 흔히 알고 있는 '사랑의 매' 즉 훈육용 회초리 또한 서당에서 유래되었다는 것이다. 그렇다면 서당의 회초리 문화는 어떻게 자리 잡게 된 것일까?

지금으로부터 약 200년 전인 18세기 중반까지만 해도 우리나라에는 서당이라는 사립학교가 있었다. 이곳에선 천자문(千字文)에서부터 사서삼경(四書三經)까지의 유교 경전을 가르쳤다. 물론 한자로 쓰인 책이었기에 읽고 쓰는 법을 배우기 위함이었다. 이때 배우는 내용 가운데 일부는 시험 문제로 출제되기도 했는데 일정 점수 이상을 받지 못하면 방과 후에 남아서 보충 수업을 받아야 했다. 그래서였을까? 공부하다가 틀리거나 이해가 잘되지 않는 부분이 있으면 서로 묻고 답하면서 해결했다. 또 숙제를 해오지 않거나 지각하면 벌칙으로 회초리를 맞기도 했다.

이처럼 서당은 배움의 전당이자 인재 양성소로서의 역할을 담당했으며 특히 지방 유생들에게는 없어서는 안 될 필수 코스가 되었다. 참고로 초기 형태의 서당은 훈장 1명과 학생 5~10명이 모여 앉아 수업을 듣는 구조였다고 한다. 물론 규모나 운영 방식 면에서 차이가 있긴 하지만 기본 틀은 크게 다르지 않다. 다만 시간이 흐르면서 점점 체계화되고 전문화된 시스템을 갖추게 되었다는 점만 다를 뿐이다. 이렇게 하여 18세기부터는 일반 백성들 사이에서도 보편화되었고 마을 단위로 하나씩 설립될 정도로 인기가 높았다.

그러나 시대가 변하면서 이러한 풍경은 점점 사라져갔다. 일제강점기를 거치면서 일본식 교육제도가 도입되었고 급기야 군사정권 시기에는 아예 사라졌다. 이후 다행히 1980년대 후반 민주화 운동 과정에서 극소수 서당이 부활되어 옛 모습을 단편적으로나마 보여주고 있다. 서당에선 인성교육도 매우 중요시 여겨졌다. 그런 모습들은 현재의 우리 교육에도 좋은 시사점을 준다고 생각한다.

작품 「서당」에도 훈장님의 회초리가 등장한다. 숙제를 안 해 왔는지 아이는 바지를 걷어 종아리를 보이고 훈장님은 근엄하신 얼굴로 회초리를 들었다. 훈장님 옆에 앉은 아이는 벌써 눈물을 소매로 훔치고 있다. 회초리를 맞는 아이도 마음이 아프지만 옆에 있는 벗들이 숨 죽여 그 모습을 지켜보며 긴장하고 있는 모습이 해학적으로 표현되었다. 분명 훈장님의 매는 사랑의 매였을 것이고 학동들은 훌륭한 사람이 되었으리라 미루어 짐작해 본다.

사제지간(師弟之間)의 정은 예나 지금이나 우리 모두에게 소중하고 아름다운 것이 아닐까 한다. 지금은 볼 수 없는 옛 모습을 닥종이인형으로 표현하면서 우리 조상들의 지혜와 생활상을 들여다본다.

13 연날리기

"**마지막에는 연을** 다는 데 철사를 이용해서 중심을 잡으면 됩니다."

　미국에서 인형을 배우러 오신 분께서 연날리기 작품에 대해 물어 보신다. 연날리기의 연은 동양에서는 아이들의 놀이로 사용되어 전해 내려왔지만 서양에서는 생소한 모양이다. 닥종이인형의 연날리기는 바람이 아니라 철사가 하늘 위로 연을 띄워 보내준다.

　연날리기는 우리나라 전통놀이 중 하나로 정월 초하루부터 보름 사이에 주로 행해졌다. 특히 음력 정초인 설날과 대보름날 전후에 많이 날렸는데, 이때 날리는 연을 '송액영복' 또는 '송액연'이라 한다. 이 연은 질병, 사고, 흉년 등 나쁜 액운은 멀리 보내고 복을 불러들인다는 의미를 담고 있다.

　연날리기는 바람이 부는 방향을 이용해야 하기 때문에 높은 곳에서 날려야 했다. 그래서 옛날에는 나무나 돌 같은 단단한 물체에 실을 묶어 공중에 띄우는 방법을 썼다. 하지만 지금은 얼레라는 도구를 이용하는데, 이것은 실타래를 감거나 푸는 데 쓰는 물건이다.

이렇게 생긴 얼레에 실을 감고 풀어가며 연을 하늘 높이 띄워주는 것이다.

　연날리기 대회도 있는데 보통 전국 각지에서 열리는 연날리기 대회는 누가 누가 오래 버티나 겨루는 경기였다. 정해진 시간 동안 연이 땅에 닿지 않고 계속 떠 있으면 우승이었는데, 이를 위해 참가자들은 저마다 다양한 기술을 선보였다. 또한 연도 각양각색이어서 방패연, 가오리연, 문어연, 용연, 독수리연 등 종류도 아주 다양하다.

　우리나라뿐만 아니라 다른 나라에서도 연날리기를 했는데 중국 사람들은 종이 대신 대나무살을 엮어 만든 죽순 모양의 '방패연'을 즐겨 날렸다. 일본 역시 에도 시대 때부터 본격적으로 연날리기를 즐겼는데, 오늘날까지도 아이들이 좋아하는 놀이이다.

　밤사이 내린 눈이 한옥마을을 하얗게 만들었다. 골목길을 걷는 관광객들의 웃음소리가 하얀 눈과 함께 밝은 햇살처럼 들려온다. 눈을 뭉쳐 던지기도 하고 피하기도 하면서 즐거워하는 소리가 골목 안을 환하게 한다. 바람의 돛이 있어야만 띄워 올릴 수 있는 연날리기! 요즘은 주로 명절에만 즐기는 놀이가 되었지만, 세계 곳곳에서 즐기는 민속놀이이기도 한 연날리기를 이번 겨울엔 가족들과 함께 즐거운 추억으로 만들어보는 건 어떨까?

14 다례(茶禮)

"점심을 먹었으니 차 한 잔 마시러 갈까?"

"그래. 근처에 맛있는 찻집이 있는데 내가 살게!"

오랜만에 친구와 맛있는 점심도 먹고 차 마시며 여유를 부려보는 오후이다. 한옥마을은 여전히 사람들로 붐비지만 향이 좋은 찻집이 근처에 있어 다행이다. 차(茶)를 고르는 동안 차가 언제부터 우리나라에 들어왔는지 궁금해졌다.

차(茶)는 인류 역사상 가장 오래된 기호식품 중 하나로 중국 당나라 때 처음 만들어졌다. 차나무 잎을 우려낸 물인 차는 다양한 효능과 맛 덕분에 많은 사람들이 즐겨 마시는 음료가 되었다. 특히나 추운 겨울날 따뜻한 차 한 잔이면 몸속까지 따뜻해지는 기분을 느꼈을 것이다. 하지만 우리나라에서는 아직까지도 전통예절이라는 이름하에 다소 엄숙하게 마시는 문화가 남아있다. 다도(茶道)가 그것이다.

다도(茶道)는 말 그대로 '차를 대하는 방법'라는 뜻이다. 다례(茶禮)라고도 하며 마음을 가라앉히고 정신을 맑게 하는 수양 방법이기도 하다. 또한 상대방에게 대접하기 위한 예의범절이자 생활 속 예술 행위라고 말할 수 있다.

"나는 홍차!"
"나는 녹차!"

차(茶)라고 하면 대부분 녹차나 홍차 등 잎차를 떠올린다. 차나무의 어린잎을 따서 만든 찻잎을 뜨거운 물에 우려낸 음료인 차는 중국 당나라 때 처음 마시기 시작했다고 한다. 당시 육우라는 사람이 쓴 『다경(茶經)』이라는 책에서는 '차는 약처럼 귀히 여겨야 한다'고 기록되어 있다. 우리나라에서도 삼국시대 이전부터 차를 마신 흔적이 발견되고 있고, 고려시대에는 귀족과 승려들이 즐겨 마시는 기호 음료였다고 한다. 조선시대에는 숭유억불 정책으로 인해 불교 문화가 쇠퇴하면서 차가 대중화되지 못했지만, 임진왜란 이후 일본으로부터 다시 들어온 차 문화는 오늘날까지도 이어지고 있다.

차를 마시는 예법은 각 나라의 문화와 관습에 따라 다르다. 일본에서는 차를 마실 때, 손님이 찻잔을 받아들고, 제공하는 사람이 차를 따르는 방식을 사용한다. 한국에서는 차를 마실 때, 차를 제공하는 사람이 차를 따르고, 모든 참석자가 찻잔을 받아들고, 한잔씩 마시며 대화를 나누는 것이 일반적이다. 차를 마시는 예법을 불문하고, 차를 마시는 시간에는 편안하게 대화를 나누며 마음을 다스리는 것이 중요하다. 또한, 차는 다양한 종류와 맛이 있으니, 차를 즐기며 다양한 문화적 경험을 쌓을 수 있다. 차를 마시는 문화를 알아가는 것은, 다양한 나라와 문화를 이해하는 데 큰 도움이 될 것이다.

차를 마시는 시간은 찻잎이 우러나듯, 마음이 우러나는 시간이다. 찻집에서 흘러나오는 은은한 가야금 소리가 친구와 나의 대화를 엿듣는 양 조용하고 은은하다. 하나 둘 발걸음을 옮기는 손님들의 모습에서 우리도 헤어질 시간이 되었음을 알게 된다. 만나기만 해도 좋고, 차 한 잔으로도 속 깊은 얘기를 나눌 수 있는 친구가 좋다. 눈 쌓인 한옥 담 사이로 햇살이 비치는 겨울날 오후에 속 깊은 친구를 만나 차향에 취해 째깍째깍 지나는 시간을 붙잡아 본다.

2부
· 생활 속에 스며든 닥종이인형 이야기

1 첫날밤

　사람들은 '1등, 첫째, 첫날, 첫사랑'에 의미를 부여한다. 공부를 할 때도 1등, 달리기를 해도 첫째, 새로운 시작을 할 때도 첫날을 매우 중요하게 생각한다. 부부가 가정을 이루는 첫날밤 또한 이후 시작될 결혼생활에서 큰 의미를 갖는다.

고등학교 때의 일이다.

잘생긴 외모와 부드러운 말씨의 남자 선생님께서 첫 수업 때, '첫날밤 이야기를 해달라'는 학생들의 부탁에 허허 하고 웃으시며 말씀하셨다. '수업을 잘 들으면 해주시겠다'고, 수업 종료 5분 전에 첫날밤 이야기가 시작되는가 했더니, 사모님을 만나고 결혼을 하게 된 이야기까지 하고 종료벨이 울렸다. 여고생들은 아쉬움에 한숨을 내쉬었고, 화학 선생님의 젓날밤 이야기는 고등학교 졸업 때까지도 듣지 못했다. 로미오와 줄리엣의 절절한 사랑 노래를 불러주시던 그때의 멋진 화학 선생님은 아직도 여고 동창생들이 가장 먼저 안부를 묻는 선생님이시다.

작품 「첫날 밤」은 고려 말의 '조혼현상'이 작품 배경이다. 조혼(早婚)현상은 원나라의 처녀공출을 피해 일찍 혼인했기 때문에 발생한 것으로 설명되어왔다. 조혼현상이 조선시대에 나타나게 된 것은 아들을 일찍 결혼 시켜 집안의 핏줄을 빨리 보려는 욕심 때문이었다. 성리학의 영향으로 가부장 제도가 정착되면서 집안을 이을 아들이 중요했던 것이다. 뿐만 아니라, 며느리를 빨리 들여 가사노동에서 벗어나려는 목적도 있었다고 한다.

　1년이면 365일이 있고, 10년이면 3,650일이 있고, 70년이면 255,500일이 있다. 인생의 그 수많은 밤들 중에 초야는 가장 특별하고 가장 기억되는 밤이리라. 꿈결 같고 연지곤지 같은 시간, 꼬마 신랑과 수줍은 신부가 첫날밤 호롱불 아래 있다. 문지방에 구멍을 뚫고 구경하는 사람들의 소리가 들리는 듯하다.

2 교실 안 풍경

「교실 안 풍경」은 국경을 불문하고 나이가 지긋한 모든 분들의 향수를 불러일으키기 적당한 작품인가 보다. 이 작품은 2008년, 일본 오사카 한국문화원 초청으로 닥종이인형 전시회를 했을 때, 현지 일본인뿐 아니라 재일 동포들에게도 많은 관심을 받았다.

특히 일본에서 음식점을 하시는 여자 사장님께서 「교실 안 풍경」을 마음에 들어 하셨다. 선생님은 가르치시고 계시는데 떠드는 아이도 있고, 의자를 들고 벌서는 아이도 보이는 모습이 그분의 향수를 자극한 듯하다. 한국으로 돌아오기 전날 구매 의사를 말씀하시고 계약서를 작성하는데 일본 큐레이터가 "이렇게 비싼 가격에 인형을 왜 사나요?"라며 인형을 사시는 음식점 여자 사장님께 물어보았다.

나는 속으로 '구매자는 단순히 인형을 사지만 작가는 인형의 스토리와 정성, 그리고 감정을 파는 것'이라 대답했다. 그렇게 인형을 일본에 팔고 오면서 내 일부를 잃어버린 듯 일주일이나 가슴앓이를 했던 기억이 있다. 작품은 작가에게 마음으로 빚은 자신인 듯 그만큼 애틋한 것인가 보다. 그리곤, 바로 다음 인형 작품을 하나하나 완성해가며, 나는 그 아픔 마음을 치유했다.

전시회를 개최할 때마다 어르신들은 「교실 안 풍경」을 제일 좋아하셨다. 책상 하나에 의자가 두 개라 매일 짝궁과 싸우던 그때 그 시절. 책상 가운데 금을 그어 놓고 넘어오면 벌금이라며 싸우던 '책상 자리 쟁탈전'은 잊지 못할 추억이 되었다. 시험을 볼 때면 책상 가운데 책가방을 올려놓고 손으로 가려 가며 시험도 보았었다. 코로나19 시기에는 비대면 온라인 수업, 하이브리드 수업, 거리두기를 준수하는 대면 수업을 실시했던 것을 생각하면, 짝꿍과의 추억으로 가득했던 당시의 모습을 찾아보기는 쉽지 않다. 친구들과 정글짐에서 술래잡기하며 놀던 그때. 놀이터에서 고무줄 놀이하고 있으면 다른 친구가 연필 칼로 고무줄을 끊고 도망가던 그때! 때때로 그때가 참 그립다.

　이 작품은 60~70년대 우리나라의 학교생활 모습을 표현한 작품이다. 어떤 아이는 책가방을 들고 다니고, 어떤 아이는 가정 형편이 어려워 책보에 책을 싸서 가지고 다니기도 했다. 교실 밖 복도에서는 수업이 빨리 끝난 동생들이 형을 기다리며 창가에 얼굴을 내밀기도 했다. 교실에 앉아 책을 펴고 공부도 하지만 교실 뒤에서 구슬치기 하며 선생님 말씀을 듣지 않는 친구들도 있었다. 「교실 안 풍경」에 나타난 순박하고 따뜻한 아이들의 얼굴 표정은 당시의 순수했던 감정을 상기시켜 시나브로 입가에 미소를 짓게 한다.

 이 작품에 사용된 닥종이인형은 전통문화 행사장에 교육용으로 전시되어 시간여행을 떠나듯 학생들과 관람인들이 옛 정취와 정경을 살펴 볼 수 있는 자료로 제공된다. 현재의 우리뿐 아니라 외국인들에게도 우리들의 반세기 전 옛 생활 모습을 활자나 사진보다 '조형화된 인형'이라는 훨씬 입체적인 매개체를 통하여 보다 정감 있고 생동감 있게 잘 보여준다.

3 삭삭이인형

"엄마 저 차 가지고 미국 여행 다닐래요."

아들이 내게 전화해 불쑥 꺼낸 말이다. 벌써 10년이 지난 일이지만 지금도 생생하다. 대학생이던 아들이 미국 유학을 가더니 유학원에서 한 학기만 배우고 차를 가지고 미국 남미를 여행하겠다는 말을 한 것이다. 몇 달이 될지 모를 여행. 잠은 어디서 자고 밥은 어디서 먹겠다는 건지. 그리고 운전은 혼자서 언제까지 할 수 있는지….

잘 다녀오라고는 했으나 부모로서 해줄 수 있는 게 많이 없다는 것을 그때 느꼈었다. 한국에서 미국에 같이 간 교회 형이 함께 여행을 가고 운전도 교대로 한다고 하니 안심은 되었지만 불안한

것은 어쩔 수 없었다.

   대한민국의 정반대에 위치에 있다고 하는 남아메리카(남미대륙), 그 대륙을 아들이 다녀온다니 걱정이 되었다. 콜럼비아, 브라질, 멕시코, 아르헨티나, 페루, 볼리비아, 자메이카, 베네수엘라, 도미니카공화국, 쿠바, 칠레, 과테말라, 도미니카연방, 에콰도르, 코스타리카 등 나라도 많았다.

   미국으로 전화하면 "엄마 걱정하지 마세요. 제가 중2때 갔던 홈스테이 집도 방문하기로 전화해 놓았어요."라고 말했다. 여행할 곳을 미리 점검하고 도시에서 도시로 이동할 때마다 자기가 아는 인맥을 총 동원해서 연락을 해놓았다며 부모를 안심시킨다.

   '엄마가 해 줄 수 있는 게 무엇이 있을까? 그래. 이삭이를 닮은 인형을 만들어 줘야겠다.'

   동그란 두 눈에 아들의 희망을 담고, 오똑한 코에 생명과 사랑을 심고, 꽉 다문 입술에 꿈을 이루는 각오와 결심을, 가슴에는 따뜻한 인생을 살아가라는 소망을 담아 한지에 풀칠을 하고 한장 한장 정성을 기울여 인형을 완성하였다.

아들이 만기 된 여권 때문에 잠깐 한국에 들어왔다.
"와아~ 엄마 이게 제 인형이예요?"
"그래. 마음에 드니?"
"네. 정말 마음에 들어요. 그런데 이름을 무엇으로 정하지요?"
"이름? 음~~~ 삭삭이"

이삭이는 삭삭이를 가지고 또 다시 여행길에 올랐었다. 크라우드 펀딩 「대신 만나러 갑니다」라는 프로젝트를 가지고 세계여행을 하게 되었다. 삭삭이와 떠나는 여행! '막막한 사막에서, 막차가 끊긴 기차역에서, 갑자기 몰려드는 피곤함 속에서 늘 함께 하며 얘기하려무나. 삭삭이와 함께라면 조금은 덜 외롭겠지…'

"인생에 있어 가장 위대하고 아름다운 여행은 곧 자신을 발견해 가는 모험 속에 있다." 이 구절은 영화 「티벳에서의 7년」에 나오는 말이다. 지금까지 세계 97개국을 여행했고, 최근엔 인도를 다녀왔던 이삭이는 현재 서울에서 자신의 꿈을 담은 사업을 펼쳐나가고 있다.

4 청사초롱

닥종이 인형과 같은 조형작품은 색채와 형태의 조응을 포착하여 작품으로 구현하는 것이다. 모든 닥종이인형이 그렇듯 '청사초

롱'도 그러하다.

　청사초롱이 혼례식에 등장한 것은 조선 후기부터이다. 청사초롱은 우리나라 전통 실외조명기구로 홍사바탕에 청사로 단을 둘러 만든 제등의 한 종류이다. 홍색은 양의 기운을 뜻하고 청색은 음을 상징한다. 혼인하는 신랑각시가 청사초롱에 불을 밝힘으로써 부부의 화합과 조화로운 새출발을 기원한다는 의미를 담고 있다.
(네이버 지식백과, 한국의 박물관: 등잔 참조)

　인형을 배우러 대구로 가는 길은 왜 그리 힘이 들었는지…. 새벽 5시 10분, 모두가 잠든 새벽에 남편과 어린 아들, 딸이 깰까봐 조심조심 자리에서 일어나 대구행 버스를 탔다. 스승님이 계신 대구까지 버스를 세 번 갈아타야만 했다. 집인 익산에서 대전, 대전에서 동대전, 동대전에서 대구 서부터미널, 대구 서부터미널에서 스승님 사무실까지 총 5시간 20분이 걸렸다. 열심히 인형을 만들고 오후 5시30분 막차를 탔다. 집에 도착하면 저녁 10시였다. 오고가는 시간을 합하면 하루 24시간 중 17시간을 인형 배우는 데 쏟아 부었다. 어느 때는 대구에서 익산 오는 버스에 전세를 낸 것처럼 나 혼자 타고 오기도 했다.

닥종이인형에 푹 빠진 그때의 열정이 지금의 나 박금숙을 만들었다고 해도 과언이 아니다. 이렇게 5년을 다니다 보니 인형의 수가 늘어났다. 그 작품들 중엔 청사초롱도 있었는데 지금도 만들 때마다 그때의 추억을 회상하게 된다. 인형들은 보통 옷을 통으로 입히기 때문에 한복의 저고리 선은 쉽게 배울 수 없다. 그만큼 난이도가 있는 작업이다. 지금도 처음 인형을 배우러 오시는 분들께는 한복을 가르치기가 조금 망설여지는 이유이다.

작품 「청사초롱」은 아이들의 한복에서 전통의 멋을 강조하기 위해 청홍으로 배색을 맞췄다. 여자아이는 빨강치마에 색동저고리, 남자아이는 하늘색 바지저고리에 파랑쾌자를 입고 청사초롱을 들었다. 인형의 표정을 보자. 입을 오므리며 무언가를 말하고 싶지만 쑥스러워 참아버리는 수줍은 아가씨와 청사초롱을 들고 이쁜 아가씨를 맞이하는 도령의 모습에서 기쁨과 설레임이 느껴진다.

　청사초롱 인형의 감상포인트는 바로 색채다. 때론 색채가 말 없는 말을, 말보다 더 선명한 말을 하기도 한다. 청사초롱의 청홍과 한복의 청홍, 그리고 색동은 신랑각시의 새출발, 양과 음의 조화를 의미한다. 색동을 통해 선조들의 색감을 느끼고 그 색채 안에 담긴 천년의 숨결을 느껴보자.

5 사물놀이

전주에는 세계소리축제가 열린다. 2001년부터 시작되어 매년 9

월 '한국 소리문화의 전당'과 전주 한옥마을 일대에서 열리고 있다. 전주세계소리축제는 판소리와 전통음악, 월드뮤직을 중심으로 다양한 장르의 음악을 아우르는 공연예술축제로 해마다 가을에 열린다. 2022년은 스물한 번째 해로 새로운 음악적 실험을 통한 더욱 깊어진 공연들을 만날 수 있어 의미가 깊었다.

더늠(20th+1)을 주제로 2021년 9월 16일부터 25일까지 열린 전주 세계소리축제는 전통판소리부터 실감형 콘텐츠를 활용한 뮤지컬까지 다채로운 프로그램으로 관심을 모았다.

한옥마을에서 꽹과리, 징, 장구, 북이 신명나게 울려 퍼지는 9월에 사물놀이 인형을 만들었다. 많은 사람들이 오고 가는 곳에 올려놓고 바라보고 소통하며 한동안 사물놀이에 젖어 있었다. 사물놀이 인형은 방송할 때 아나운서 옆에 있기도 하고 판소리를 하는 명창 옆에 있기도 했다. 어느 날 일본인 관광객의 눈에 띄어 일본으로 시집가기 전까지 네 가지 악기의 연주로 눈이 호강했던 시절이 있었다.

사물놀이는 꽹과리·징·장구·북 등 네 가지 농악기로 연주하도록 편성한 음악, 또는 이러한 편성에 의한 합주단을 말한다. 원래 사물(四物)이란 불교의식에 사용되던 악기인 법고(法鼓)·운판(雲板)·목어(木魚)·범종(梵鐘)을 가리키던 말이었으나, 뒤에 범패(梵唄)의 바깥채비 소리에 쓰이는 태평소·징·북·목탁을 가리키는 말로 전용되었다. 그리고 다시 절 걸립패의 꽹과리·징·장구·북을 가리키는 말로 전용되어 오늘에 이른다.

　이러한 편성에 따른 음악은 1978년 최초로 '사물놀이'라는 이름으로 창단된 연주단에 의해서 본격적으로 시작되었다. 당시 이들의 농악을 다루는 연주 기량은 아주 뛰어났고, 농악을 무대용 음악에 알맞게 효과적인 방법으로 구성하였다. 그래서 농악의 생동하는 음악성과 치밀한 연주 기교는 상당한 반응을 일으켰고, 해외 연주활동을 통하여 국제적인 명성을 얻기도 하였다.

　근래에는 다른 구성원들이 여러 사물놀이 합주단을 만들어 활동을 하면서 최초의 이들은 원사물놀이패로 불리고 있다. 이들이 주로 연주하는 음악은 호남우도농악(湖南右道農樂)·짝두름·설장고놀이·비나리·판굿·삼도농악(三道農樂)·길군악칠채 등이다.

  이들이 크게 인기를 얻게 되자 사물놀이 단독연주뿐만 아니라 무용 반주, 서양 오케스트라와 협연, 재즈와 협연 등 여러 가지 형태로 외연이 넓혀지기도 했다. 뿐만 아니라 서양음악을 포함한 모든 한국음악계에 커다란 영향을 주었고, 특히 타악기 전공자들에게 준 영향은 타악기의 활성화에 크게 공헌하였다.

  작품 「사물놀이」의 주인공은 전부 소년들이다. 소년 넷이서 연주하는 사물놀이엔 어떤 마음이 담겨 있을까? 그들이 만들어 내는 소리엔 웃음과 천진함과 소망(희망)과 자유로움이 함께 묻어나는 듯하다.

  사물놀이 인형을 보면서 우리나라 전통 악기에 대해 알게 되고 인형과 함께 사람들과 소통하게 되어 좋다. 꽹과리, 징, 장구, 북을 치며 신명나게 어깨춤을 추던 어르신들이 생각나는 건 나에게도 한국인의 신명이 전수된 때문일까?

6 간재 전우 선생

오래 전 일이다. 부안의 간재 전우 선생의 유물관에 간재 선생과 제자들의 모습을 '닥종이인형 디오라마'로 표현해 달라는 주문이 들어왔다. 내가 아는 것은 간재 선생이 성리학 학자라는 것뿐이어서, 작품인물에 대한 고증과 연구가 필요했다.

시간을 내어 전북 부안군 계화면 계화리에 있는 간재 선생의 유지를 찾아갔다. 전에는 바닷길이 있어 배를 이용하거나 걸어 들어갔던 길들이 육지로 연결되어 차로 편하게 갈 수 있었다. 계화도에 도착하여 보니 청풍대 간재 선생 추모비(단기 4341년, 2008년 5월 17일)가 서있었는데 그곳에 '지주중류 백세청풍(砥柱中流 百世淸風)'이라고 쓰여 있었다. 이 말은 '세속에 휩쓸리지 않고 꿋꿋하게 자신의 절조를 지키는 사람'을 비유하는 말이다. 황하(黃河)의 중류에 지주산(砥柱山)이라는 작은 돌산이 있는데 이 산이 세찬 물결 속에서도 우뚝하게 버티고 서있는 데에서 이르는 말이다.

계화도에는 바닷물이 차오를 때 피신할 수 있는 피조대가 있는데 이는 가장 단단한 바닥에 말뚝을 박아서 원두막처럼 집을 지어 놓은 곳이다. 간재 선생을 만나러 왔던 제자들이 물이 가장 적게 들어오는 조금 때가 되면 바다로 걸어 들어가 공부를 하곤 했는데, 외지 사람들은 물때를 잘 몰라서 중간쯤 가다보면 물이 차올라 갈 팡질팡하였다고 한다.

육지에서 계화도까지 바닷길이 조포, 창북리에서 6km이고, 돈지에서 3km여서 물살이 세고 깊었다 한다. 훗날 문인들이 피조대에서 글을 짓고 머물면서 사람을 살리는 곳이라며 활인정이라고 칭하였다고도 한다. 간재 선생의 성리학은 스승인 임헌회의 영향을 받아 율곡 이이, 우암 송시열로 이어지는 기호학파(畿湖學派)의 학통을 계승하였다.

간재 선생은 조선말기 유림의 거유이다. 절개와 애국정신으로 충만했던 전형적인 유학자로 많은 학자들과 교류했으며 3000여 문도의 인재를 육성하였을 뿐만 아니라, 학덕을 통하여 사회풍속을 교화하고 민족정기를 수립하였다. 간재 선생은 '교육'을 국난 해결책의 근본으로 여기고, 일생 인재양성에 시종일관 매진하였다. 심본성, 성존심비, 성사심제의 설을 주장하는 그의 교육사상은 독특한 특색을 지니고 있었다. 이렇게 훌륭하신 분을 닥종이인형으로 표현한다고 하니 어깨가 무거웠다.

한지를 주문할 때 40g 이상의 순지를 주문하고 천연 풀로 풀칠하여 인형을 완성했다. 2주일을 꼬박 자료 찾고 인형을 만들다 보니 완성에서 오는 성취감이 그 어느 때보다도 큼을 느낄 수 있었다.

계화도에 두 번째 방문했을 때는 유물관의 싸이즈와 전체적인 장소를 보기 위해 갔었다. 3월의 꽃샘추위도 있었을 텐데 그때 내가 쓴 일기를 보니 '따스한 햇볕이 유물관 깊숙이 들어와 선생과 제자들의 글 읽는 소리가 들리는 듯하다'라고 적혀 있었다.

전시를 마치고 계화제와 계양사(간재 선생이 집짓고 살며 기거했던 곳), 지의재(학생들이 잠자고 공부하는 기숙사) 등을 울타리 너머로 바라보았다. 꽃순들이 올라온 벚꽃을 보며 오직 구국적(救國的) 교육 활동에 전념하였던 간재 선생의 간절한 마음이 꽃순으로 보여지는 듯하여 애잔함에 마음이 뭉클하였다.

작품 속에 그 옛날 스승의 가르침과 학동들의 책 읽는 소리가 잘 담겼을까? 선생의 후학들이 많을 때는 3,000여 명이 넘었다 하니 간재 선생의 사상이 얼마나 많은 영향을 미쳤는지 알 수 있었다. "작가님! 수고 많으셨습니다. 멋진 작품 만들어 주셔서 감사합니다." 기획사 대표의 말을 뒤로 하고 계화도를 넘어 오는 차 안에서도 상쾌한 기분으로 가득 찼다.

7 나를 닮은 인형

나무가 있다. 나무가 바람에 부딪히며 딱딱 소리를 내서 딱나무라는 이름을 가지게 되었다. 이 딱나무로 만든 종이를 닥종이라고 하는데 닥종이는 또 다른 이름을 가지고 있다. 그 첫 번째는 많은 사람들이 알고 있는 한지(韓紙), 두 번째는 흰색의 색깔을 지녀서 백지(白紙), 세 번째는 닥나무를 종이로 만들기 위해 베고, 찌고, 벗기고, 말리고 다시 삶고, 두들기고 뜨고 말리고 하는 과정을 99번 한 다음 백 번째 사람이 사용한다 해서 일백백의 백지(百紙)라고 한다. 그래서 닥종이는 한지, 닥종이, 흰백(白)지. 일백(百)지, 라고 부른다.

나는 아기들을 무척 좋아한다. 아기들의 해맑은 웃음과 단순함, 초롱초롱한 눈망울이 나를 설레게 만든다. 그로 인해 대학에서 유아교육을 전공하게 되었다. 결혼 후에 임신을 하게 되었는데 태교로 시작한 한지 작업은 닥종이인형의 매력에 푹 빠지게 하였다. 엄마는 아이를 임신하면 좋은 말씨, 좋은 생각, 바른 걸음걸이 등 최선을 다해서 태교에 신경을 쏟다.

닥종이인형도 아이를 낳는 것과 비슷한 것 같다. 아이는 10달 동안 엄마의 뱃속에서 엄마와 대화를 한다. 닥종이인형은 4개월 동안 작가와 대화하며 태어난다. 매일 한지에 풀을 칠하고 말리고 1000번의 손길을 가져가게 된다. 아기가 엄마의 뱃속에서 눈, 코, 귀, 다리가 단단해져야 하듯 인형도 얼굴, 몸통, 다리가 단단해지도록 정성을 다한다. 그리고 작가의 혼을 받아 작품으로 탄생을 한다.

요즘은 하루가 다르게 새로움의 연속이고, 정보화의 홍수 속에서 모든 사람들이 바쁘다. 그런데 그런 바쁨 속에서 나만의 시간이나 여유를 찾고 싶어 하기도 한다. 나를 닮은 무언가에 애착도 간다. 인형을 가르치고 만들다보면 인형이 인형을 만드는 사람을 닮게 된다. 4개월 동안 두드리고 말리고 하는 과정에서 가장 익숙한 사람의 모습으로 표현되는 거다. 자화상 같고, 내 영혼의 한 조각 같은 나를 닮은 인형이 탄생된다.

8 수요일의 손님

한옥마을 공방에 매주 수요일이면 오시는 여든 여섯의 할머니가 계신다. 그 할머니 손에는 손 구루마가 있는데 거기에 김치며 멸치, 시래기국 등을 싸 오셔서 수요일에는 푸짐한 점심을 먹는다.
　　"무거우시니 싸오지 마세요."
　　매번 드리는 말씀을 무시하고 싸 오시니 어김없이 수요일에는 배가 부르다.
　　처음 닥종이인형을 배우실 때는
　　"나이 먹은 내가 무슨 인형을 배워~ 못해." 그러셨는데 4개월이 지난 지금은 한옥마을 공방에 오면 직접 만드신 인형부터 찾으신다.

　　한지인형은 한지를 풀로 붙이고 다듬는 과정을 반복하다 보니 시간과 노력이 필요하다. 인고에 노력으로 탄생한 두 개의 인형! 할머니는 할아버지와 자기 자신을 만들고 싶어 하셨고 그 일을 이루셨다.
　　"나는 노랑저고리에 검정 무늬가 있는 치마를 입히고 할아버지는 양복을 입혀야지."

　손수 옷감을 고르듯 한지의 색깔을 선택하시는 그 눈가에 할아버지에 대한 그리움이 묻어났다.

　할머니는 할아버지를 무척 좋아하셨나보다. 남편이 위암으로 돌아가신 지 20년이 지났는데도 할머니의 순애보는 계속 되고 있다. 할아버지가 쓰시던 동잔지갑을 지금도 가지고 다니신단다.

　열여덟에 시집 오셔서 전주에 사시는 남편과 시부모 모시며 어려운 살림을 일으키시느라 할머니의 삶도 녹록치 않으신 세월이었다. 4개월 동안 할머니와 할아버지의 사랑이야기도 듣고 자녀들 키울 때의 즐거웠던 일들도 들으며, 수요일의 시간이 기다려 질 정도였다. 딸 셋을 나으신 할머니는 지금은 행복하시다고 말씀하신다. 먼저 가신 할아버지께서 좋은 세상을 못 누리고 가셨다고 못내 아쉬워하신다.

"할머니! 할아버지 넥타이는 무슨 색으로 고르시겠어요?"

　연한 하늘색 한지를 권하는 나에게 붉은 한지에 무늬가 있는 것을 내 놓으신다.

"넥타이는 붉은 색으로 해줘."

인형이 옷을 다 입은 날 "할아버지얼굴이 크고 너브대대한 것이 똑 닮았네." 하신다.

"인형을 잘 다듬으셔서 이쁘게 나왔어요."

인형을 아기 다루듯 안아 보이시는 할머니의 모습이 소녀 같았다. 세월은 가도, 서로 함께한 가슴속 정(情)은 은은히 남은 것! 인형 속에 그것이 오롯이 담겨 있는 듯하다.

그 할머니를 나는 엄마라 부른다.

"엄마! 이제 딸 셋을 인형으로 만들어 보시게요!"

9 꿈꾸는 닥종이인형

전시장에서든 공방에서든 사람들에게 가장 많이 듣는 소리는 "작가님! 어떻게 30여 년 동안 닥종이인형을 만드셨습니까?"라는 말이다. "저는 인형 만드는 것밖에는 못하니 여기까지 왔습니다."라고 말한다. '인형 만드는 것밖에 못하니…' 닥종이인형이 지난 30여 년 동안 내 생활의 일부로써 함께 살아 온 것들을 잘 말해주는 듯하다.

"百技不如一誠 千思不如一行(백기불여일성 천기불여일행)"이란 말이 있다. '백 가지 기술도 한 번의 정성만 못하고, 천 가지 생각도 한 번의 실행만 못하다'는 뜻이다. 100가지 기술을 가지는 것은 참 좋은 일이다. 허나 그 기술만 믿고 성실하게 노력을 하지 않는다면 결코 훌륭한 성과를 내지 못할 것이다. 또 '百技不如一誠'은 '千思不如一行'이라는 말과 짝이 되니, 천 번 생각하더라도 한 번의 실행도 하지 않는다면 아무것도 얻을 수 없을 것이다.

인형 1개를 만드는데 들이는 시간은 4개월. 어느 날은 코가 생기고 입이 생기고 어느 날은 다리가 생겨 인형의 모습을 갖춘다. 닥종이인형은 4개월의 시간 동안 만 번 이상의 손길을 받아들여야 아름다운 피부를 가질 수 있다. 만 번의 두드림이 때로는 아픔으로 때로는 즐거움으로 작가의 마음을 움직인다. 120일 동안 인형과의 동행은 더디고 힘이 들지만, 이런 정성 속에 사랑스런 인형이 탄생하거니 이는 아기를 낳는 어머니의 마음과 같다.

"오늘은 아기가 탄생한 날이니 아기 이름을 지어줘야겠군요"

인형을 완성하고 나면 인형들에게 이름을 지어준다.

"소미, 세영, 동혁이예요."

"그건 선생님 아이들 이름이잖아요."

"맞아요. 아이들을 닮은 인형을 만들었거든요!"

인형이 이름을 가질 때 작품은 비로소 완성된다. 그것도 사랑하는 가족의 이름으로 작가와 인연을 가지게 되면 더욱 애틋해진다.

'백기(百技)보다 중요한 정성'과 '천사(千思)보다 중요한 실행'이 닥종이인형으로 표현될 때 작가와 인형이 새로운 인연으로 연결된다.

세월은 가도, 작품 속에 내가 30여 년 동안 쏟아 부은 한결같은 정성과 실천을 고스란히 남아 있다. 30여 년의 세월을 함께해 온 닥종이인형이, 새로운 30년을 준비할 수 있는 귀한 인연으로 계속 이어질 것을 믿는다.

10 캐리커처 한지인형

"따르릉~" 모르는 번호의 전화기가 울린다. "대표님! 친구가 결

혼을 하는데 웨딩사진 보고 '캐리커처 한지인형' 제작해 주실 수 있나요?" 전화기 너머로 들려오는 중후한 목소리의 남성 분의 문의가 내 귀를 쫑긋 세운다. '아~ 네! 가능합니다.' 편안하게 앉은 자세를 바르게 고쳐 앉고 메모를 시작한다. '캐리커처 한지인형'은 원하는 분의 모습을 사진으로 보내 주시면 사진 모습대로 인형으로 제작해 주는 것이다.

    캐리커처는 사람뿐만 아니라 동물과 사물 등 다양한 대상에 사용되며, 그 대상의 특징을 잡아 재미있게 표현하는 그림이다. 영어

사전에서는 caricature를 풍자만화라고 정의하고 있다. 원래 뜻은 인물의 성격 또는 특정 모습을 과장해서 우스꽝스럽게 묘사한 희극적 만화 혹은 일러스트레이션이라고 한다. 우리나라에선 주로 개그맨들이 TV프로그램에서 많이 활용하면서 유명해진 용어이다. 현재는 웹툰에서도 자주 등장하며 이모티콘 시장에서도 인기 있는 소재이기도 하다.

사람의 특징을 잡아 우스꽝스럽게 표현하거나 과장되게 묘사하는 기법인 캐리커처는 만화나 광고 속 인물들이 대표적인 예라고 할 수 있다. 우리나라에서는 1970년대 말 서양화 전공자들을 중심으로 등장하기 시작했다. 이후 1980년대 초중반 대중매체에서도 활발하게 활용되면서 많은 인기를 끌었다. 하지만 1990년대 후반 들어 디지털 기술과 컴퓨터 그래픽 프로그램이 발달하면서 점차 쇠퇴하게 되었다. 최근에는 다양한 분야에서 다시 주목받고 있으며, 특히 디자인 영역에서 많이 활용되고 있다.

기원전 5세기경 그리스 로마시대 때 그려진 초상화가 최초의 캐리커처라고 한다. 이후 르네상스 시대인 15~16세기에 이탈리아에서

 유행하기 시작했고 18세기 프랑스 파리에서 대중문화로 자리잡았다고 한다. 19세기 말부터는 미국 뉴욕에서 본격적으로 상업미술로서 발달했다고 하니 꽤 오랜 역사를 가지고 있다.

 우리나라 역시 일제강점기 시절 일본으로부터 유입되어 조선총독부 건물 앞에서 첫 전시회가 열렸다고 한다. 당시 신문기사들을 살펴보면 총독부 건물 완공 기념행사 중 하나로 열린 행사였다고 하며, 그때까지만 해도 지금처럼 전문작가가 아닌 화가들이 그린 작품이었다고 한다. 해방 이후 한국전쟁을 거치면서 한동안 침체되었던 캐리커처는 1970년대 들어서면서 다시 부흥하게 되었고, 이때부턴 프로 작가들이 활동하기 시작하여 미술대학 내 학과로도 개설되었다고 한다.

캐리커처 한지인형은 실제 인물을 대상으로 만들어진 것이다. 게다가 특별한 날의 특별한 순간의 '나'를 기념하기 위해 만들어진 것이다. 그래서 그 수인공이 되는 분께는 더욱 특별한 작품이 될 것이다.

2주에 걸친 '캐리커처 한지인형' 만들기는 사진과 많은 대화가 오고 가면서 완성되었다. 서울에서 주문하시고 시간 내어 가지러 오셨는데 많이 닮아서 마음에 든다고 하셨다. 작가는 고객의 말 한마디로 힘든 작업의 피로가 풀린다. "잘 만드셨습니다. 마음에 듭니다." 오늘도 한옥마을의 오후는 쨍쨍한 햇살로 따갑지만 작가의 마음은 파란 하늘의 구름 위를 날아오른다.

11 냇가에서

여름이면 생각나는 어린 시절이 있다. 집 앞에는 작은 개울이 흐르고 있었는데 그곳에서 매일같이 동네 아이들과 함께 모여 물놀이를 했다. 비가 오지 않는 날엔 항상 물이 말라 있어 바닥이 훤히 들여다보일 정도였다. 하지만 장마 기간 동안에는 엄청난 양의 빗물 덕분에 우리들은 하루 종일 신나게 놀 수 있었다.

그러던 어느 날이었다. 그날도 어김없이 다른 때와 마찬가지로 친구들과 함께 계곡물에서 즐거운 시간을 보내고 있었다. 한참 놀다 보니 어느덧 점심때가 되었고 우린 각자 싸 온 도시락을 꺼내어 먹었다. 그리고 잠시 후 화장실이 급해 혼자 먼저 집으로 돌아갔다. 볼일을 보고 나온 뒤 좀 더 놀다가 들어갈 생각이었는데 갑자기 소나기가 내리기 시작했다.

하늘에선 쉴 새 없이 번개가 치고 천둥소리가 들려왔다. 빨리 비가 그치길 바랄 뿐이었다. 얼마나 지났을까, 빗줄기가 서서히 가늘어지기 시작했고 그제서야 안심할 수 있었다. 그리곤 바로 잠이 들어버렸다. 한참을 지나 눈을 떠보니 어느새 밖은 환하게 밝아져 있었고 창밖으로는 언제 그랬냐는 듯 화창한 날씨가 펼쳐져 있었다. 창문을 열어보니 맑은 공기와 시원한 바람이 불어왔다. 무슨 일이 있었냐는 듯 평화롭기 그지없는 모습이었다. 참 다행이라는 생각이 들었다.

우리 모두 어릴 적 추억 하나쯤은 가지고 있을 것이다. 특히나 여름방학 하면 떠오르는 '기억' 말이다. 지금이야 에어컨 시설이 잘 갖춰져 있어 더위 걱정 없이 지낼 수 있지만 그땐 그렇지 않았다. 그래서 무더운 여름날이면 산이고 들이고 강이고 가리지 않고 피서를 떠났던 기억이 난다. 물론 돈이 넉넉지 않은 탓에 주로 물가 근처에서 텐트를 치고 야영을 하곤 했다. 가끔가다 깊은 곳에 빠져 허우적대기도 했지만 그것마저도 즐거웠다. 또 밤낚시를 하러 가기도 했는데 물고기 대신 개구리랑 가재를 잡기도 했다. 돌이켜보면 참으로 즐거웠던 나날들이었다.

작품 「냇가에서」는 나의 어릴 적 여름방학이 숨어 있다. 친구들과, 때로는 언니들과 냇가에서 물놀이하던 모습이 투영되어 있다. 인형에 즐거웠던 그 시절의 모습을 담기 위해, 입을 벌려 웃기도 하고 손을 들어 환호하기도 하는 모습을 표현해 보았다. 이 작품을 볼 때면 나는 어느새 45년 전 어린아이로 돌아가 있다. 작품 속 인형들은 시간의 빗장을 열고 과거를 끌어와 우리 앞에 동심과 추억을 펼쳐놓는다.

12 가족

우리 사회에서 '가족'이라는 단어는 특별한 느낌을 주는 듯하다. '가족'이라는 단어 자체만으로도 따뜻함과 포근함 그리고 사랑스러움 같은 감정을 자아내게 한다. 하지만 요즘 시대엔 핵가족화 현상뿐만 아니라 개인주의 성향도 강해지면서 점점 가족 간의 소통 부재 문제가 커지고 있다. 또한 이혼율이 증가하는 상황은 현대사회에서의 가족 해체와 위기 상황을 보여준다. 따라서 이러한 문제점을 해결하기 위해서는 먼저 자신 스스로 자기중심적 사고방식에서 벗어나야 할 필요가 있다.

사람들은 저마다 자신만의 삶의 방식대로 살아간다. 혼자 살거나 혹은 결혼을 하여 자녀를 낳고 살아가는 경우도 있다. 하지만 우리 모두에게는 공통점이 있는데 그것은 바로 '가족'이라는 울타리 안에서 살아가고 있다는 점이다. 세상에 가족이라는 울타리보다 더 따뜻한 울타리가 있을까? 때로는 다투고 미워하기도 하지만 그래도 나를 사랑해주고 아껴주는 소중한 존재임에는 틀림없다.

가족만큼 소중한 존재가 또 있을까? 세상 모든 사람들이 그러하듯 나 역시 마찬가지이다. 특히 엄마와는 친구처럼 지내며 각별한 사이로 지내고 있다. 그래서 그런지 가끔 사소한 걸로 티격태격 싸우곤 한다. 물론 서로 기분이 상했을 때만 그렇다. 보통은 언제 그랬냐는 듯 금세 풀어진다. 이렇게 싸우는 횟수가 잦아지면서 자연스럽게 대화 시간도 늘어났다. 덕분에 몰랐던 속마음도 알게 되고 이해심도 깊어졌다. 예전엔 미처 알지 못했던 감정인데 나이가 들수록 점점 실감하게 된다.

지금 돌이켜보면 철없던 시절 방황하던 나를 붙잡아준 분도 엄마이시다. 만약 곁에 없었더라면 지금쯤 어떤 인생을 살고 있을지 상상조차 하기 싫다. 아마 일찌감치 포기하고 낙오자가 되었을지도 모른다. 아무튼 이제라도 감사하다는 말씀을 드리고 싶다.

오늘날 한국 사회에는 다양한 형태의 가족이 존재한다. 전통적인 대가족에서부터 1인 가구, 딩크족, 재혼가정, 동성애 커플 등등. 그러나 여전히 혈연 중심의 가부장제 문화가 남아있어 갈등 요소로 작용하기도 한다. 특히 부모 자식 간의 관계에선 더욱 그렇다. 물론 예전보다는 많이 나아졌다고는 하지만 아직까지도 서로 이해하려는 노력 없이 일방적으로 강요만 하는 경우가 비일비재하다.

그래서 오늘은 올바른 가족관계 형성을 위한 몇 가지 팁을 소개하고자 한다. 우선 대화 시간을 늘리는 것이 좋다. 하루 일과를 공유하면서 자연스럽게 이야기를 나누다 보면 공감대가 형성되고 친밀감도 높아질 것이다. 또 다른 방법으로는 함께 여행을 떠나는 것이다. 이때 주의해야 할 점은 자녀 위주로만 계획을 짜서는 안 된다는 것이다. 어른들끼리 충분히 상의하여 결정하되 가급적이면 모든 구성원이 참여하도록 유도해야 한다. 그래야 모두가 만족스러운 추억을 쌓을 수 있을 테니 말이다. 마지막으로 상대방 입장에서 생각해보는 자세가 필요하다. 만약 내가 저 상황이라면 어땠을까? 라고 한번쯤 고민해본다면 훨씬 더 좋은 방향으로 나아갈 수 있을 것이다.

닥종이인형 「가족」은 엄마와 아빠의 '사랑으로 서로를 바라보는 시선'과 '아이들의 천진난만한 표정'으로 사랑스런 가족의 외출을 표현했다. 한껏 멋을 부린 엄마의 머리카락은 뽀글뽀글로 표현하고 멋진 아빠의 머리카락은 부드러운 파마 머리칼로 표현했다. 두 아들의 표정은 신이 나서 춤을 추는 듯한 모습이다. 엄마와 아빠랑 함께 가는 외출이 얼마나 즐거울까? 봄바람처럼 흥겹게 나도 아이들과 함께 나들이 가고 싶다.

13 어린시절 '나무와 한 몸이 된 우리들'

우리나라 사람들에겐 어린 시절 놀이문화 하면 바로 떠오르는 게 하나 있을 것이다. 바로 동네 놀이터나 공원 같은 곳에서 하는 술래잡기인데 나 또한 초등학생 때 그런 추억이 있다. 보통 남자아이들끼리 모여서 할 때도 있고 여자아이들끼리 뭉쳐서 놀기도 한다.

　요즘 아이들은 스마트폰 게임 또는 유튜브 영상 보는 걸 더 좋아하지만 내가 어렸을 때만 해도 그렇지 않았다. 오히려 노는 방법을 몰라서 못 논다고 해야 할까? 그때 당시엔 TV 만화영화 외에는 딱히 즐길 만한 게 없었다. 물론 PC방이라는 문화가 생기긴 했었지만 그건 소수만이 누릴 수 있는 특권과도 같았다. 그래서인지 몰라도 아직까지도 밖에서 뛰어놀던 유년시절의 모습이 생생하게 떠오른다.

　1980년대만 해도 놀거리가 많지 않았다. 기껏해야 학교 운동장에서 친구들과 공놀이를 하거나 집 근처 공터에서 숨바꼭질을 하는 정도였다. 그나마 그것도 시간이 지나면 시들해지기 마련이었고 마땅히 갈 곳도 없어서 방황했던 기억이 난다. 그래서 그런지 유독 어릴 적 추억이 많이 남아있다. 특히 골목대장 노릇을 하며 또래 친구들과 어울려 놀던 일이 제일 먼저 떠오른다.

　돌이켜보면 그땐 참 순수했고 즐거웠다. 그리고 또 하나 빼놓을 수 없는 게 있다면 바로 딱지치기이다. 종이로 접은 딱지를 바닥에 놓고 다른 딱지로 쳐서 뒤집으면 이기는 방식이었는데 나름대로 룰이 정해져 있었다. 일단 상대방 진영 쪽으로 넘어가면 지는 거고 상대팀 왕딱지를 넘어뜨리면 승리하는 식이었다. 가끔가다 운 좋게 상대편 왕딱지를 넘길 때면 어찌나 짜릿하던지! 아무튼 이렇게 놀다 보면 하루가 금방 지나갔다. 아마 이때만큼 즐거웠던 적은 없었던 것 같다.

　어릴 적 뒷동산에서 놀던 때를 회상하며 만든 작품인 「어린시절」에는 어릴 적 동네 친구들의 모습이 고스란히 남아 있다. 큰 나무는 우리에게 작은 아지트이자 천연의 놀이기구였다. 개구쟁이 근호는 나무를 거꾸로 매달리며 오르곤 했다. 종환이는 나무 구멍 속으로 몸을 넣고 얼굴만 보여주고 활짝 웃어 주었다. 여자아이들도 나무 위에 올라 동네 멀리까지 바라보곤 했다. 작품을 보고 있으니 아직도 어릴 적 나무 주위에 아이들의 웃음소리가 환하게 들리는 듯하다.

14 세계는 하나

　　　　　축구는 전 세계에서 사랑받는 스포츠로, 다양한 문화와 언어, 인종, 국적을 가진 사람들이 모여 하나가 되는 모습을 볼 수 있다. 예를 들어, 2002년 월드컵 대한민국과 일본의 공동개최로 축구를 통해 역사적인 화해와 우정의 순간을 만들어냈고, 2018년 러시아

월드컵에서는 세계 각국의 축구 팬들이 함께 축구를 즐기며 우정을 나누는 모습을 볼 수 있었다. 축구는 우리를 하나로 만들어주는 특별한 스포츠이다.

축구는 또한 세계에서 가장 인기 있는 스포츠 중 하나이다. 이 스포츠는 문화와 언어의 차이를 뛰어넘어 모든 사람들이 하나가 될 수 있는 도구가 되고 있다. 축구는 감정과 열정이 가득한 스포츠이며, 경기장에서는 선수들과 팬들이 함께 울고 웃으며 하나가 되는 모습을 볼 수 있다.

월드컵이 잘 보여주듯 축구는 세계를 하나로 만들어주는 중요한 역할을 한다. 이는 축구가 문화와 언어의 차이를 뛰어넘어 모든 사람들이 함께 즐길 수 있는 스포츠이기 때문이다. 축구는 감정과 열정이 가득한 스포츠이며, 경기장에서는 선수들과 팬들이 함께 울고 웃으며 하나가 되는 모습을 볼 수 있다. 이러한 경험은 사람들이 서로 다른 배경을 가지더라도 서로를 이해하고 존중하는 데 큰 도움이 된다. 따라서, 축구는 세계의 평화와 이해를 증진하는 데 큰 역할을 한다.

축구공이 둥글듯이, 우리가 발을 디디고 있는 지구도 둥글다. 축구는 세계에서 가장 인기 있는 스포츠 중 하나인 만큼, 우리도 축구를 즐기며 세계의 다양성을 이해하고 존중하는 자세를 가지는 것이 중요하다. 특히 우리나라의 자랑인 축구선수 손흥민 선수를 예로 들면, 그의 활약은 한국뿐만 아니라 전 세계인들의 마음을 사로잡고 있다. 그의 열정과 노력이 세계를 하나로 이어주는 계기가 되는 것이다. 축구는 단순히 경기가 아니라 우리 모두가 하나 되는 소중한 문화라고 생각한다.

작품 「세계는 하나」도 축구를 통한 전 세계의 화합을 모티브로 삼았다. 각 나라의 유니폼을 준비하고 독특한 헤어스타일을 표현하였다. 한지의 결이 천년을 가듯, 함께 축구를 즐기며 세계의 다양성을 이해하고 존중하는 마음이 축구공처럼 둥글게 서로를 이어주며 영원하기를 빌어 본다.

15 엘사와 울라프

어릴 때 종이인형을 가지고 친구들과 놀던 때가 있었다. 학교 앞 문방구에서 종이인형과 예쁜 드레스, 악세사리가 그려진 판지를 사서 가위로 오려 그것을 가지고 놀곤 했다. 그 후로 바비인형이 나왔지만 가격이 비싸서 일반 아이들은 인형을 가지고 놀 수 없었다.

요즘은 닥종이인형에 대한 관심이 많아지고 있다. 집 안 인테리어에 사용하거나 귀한 손님에게 선물로 주겠다고 가격을 물어 보시는 분들이 계시다. 많은 관심과 수요에 따라, 다양한 고객층을 생각하여 예술적인 작품뿐 아니라 대중적인 작품도 필요하다고 느꼈다. 그래서 만들어진 작품 중 하나가 「엘사와 울라프」이다.

인형들을 많이 만들어 보았지만 「엘사와 울라프」에 대한 어린아이들의 반응은 가히 폭발적이었다. 아이들은 엘사와 울라프의 이야기를 사랑한다. 이들 이야기는 아이들의 상상력과 꿈을 자극하여 큰 영감을 줄 수 있다. 엘사는 자신의 능력을 이용하여 어려운 상황에서도 굴하지 않는 여장부고, 울라프는 진실하고 따뜻한 마음을 가진 눈사람이다. 이들은 아이들에게 따뜻한 감성을 전달하며, 함께 어려움을 극복하는 법을 가르쳐준다. 엘사와 울라프의 이야기는 어린이들에게 자신의 능력과 가치를 믿고, 꿈을 향해 노력하라는 메시지를 전달한다. 이들의 이야기를 듣고, 아이들은 자신의 꿈을 이루기 위해 노력하며, 자신의 능력을 믿을 수 있다.

엘사와 울라프의 서사가 아이들에게 큰 영감을 줄 수 있는 이유는 무엇일까? 이들은 용기와 자기희생, 그리고 우정과 사랑을 가장 중요한 가치로 여기며, 이를 통해 어려운 상황에서도 극복하는 법을 보여준다. 또한, 엘사와 울라프는 각각의 고민과 문제를 해결하면서 성장하는 모습을 보여준다. 이러한 이야기들은 아이들의 상상력과 꿈을 자극하며, 동시에 따뜻한 감성을 전해준다. 따라서 엘사와 울라프의 이야기를 통해 아이들은 자신의 가치관을 다시 한 번 생각하고, 더 나은 사람이 되기 위한 열망을 가질 수 있다.

엘사와 울라프의 이야기는 그들의 모험과 성장을 통해 아이들에게 큰 영감을 줄 수 있으며, 아이들의 삶을 풍요롭게 만들어 줄 것이다. 이 이야기는 꿈을 이루기 위해 노력하는 것과 자신감을 가지는 것의 중요성을 보여준다. 또한, 엘사와 울라프는 서로 다른 성격과 능력을 가지고 있지만, 서로를 존중하고 협력하여 어려운 상황을 극복한다. 이러한 가치들은 아이들에게 사회성과 협력심을 배우는 데 큰 도움이 된다.

얼음공주 엘사와 눈사람 울라프를 좋아하는 아이들의 사례는 정말 감동적이다. 예를 들어, 어린 조카는 엘사의 모습에 빠져들어 엘사와 똑같은 드레스를 입고 눈꽃을 만들며 노래를 부르곤 했다. 또 다른 아이는 울라프처럼 눈사람을 만들며 엄마에게 "마법사가 우리에게 눈사람을 선물해줬어요!"라고 말했다. 겨울왕국 속 상상의 빗장을 여는 엘사와 울라프의 영웅적 서사는 아이들의 꿈을 자극하고, 따뜻한 감성을 전해준다. 입체화되어 새로 태어난 엘사 닥종이인형을 통해 아이들의 동심을 지켜주고 싶다.

16 사각 닥종이인형 – 삶

"사각 닥종이인형이 무엇입니까?"
 완주에 있는 지방자치인재개발원에 전시 중인 작품을 보고 한

사무관이 물어 온다.

"사각 닥종이인형은 부조로써 볼 수 있는 닥종이인형입니다. 기존 닥종이인형을 사방에서 볼 수 있다면 사각 닥종이인형은 벽면에서 볼 수 있습니다."

"아~ 그렇군요."

사람들은 새로운 것에 대한 호기심과 궁금증을 잘 표현한다. 나도 닥종이인형작가로 30여 년을 살아오는 동안 호기심이 발동하면 그 끝을 볼 때까지 찾아보고 만들어보면서 호기심을 충족한다. 사각 닥종이인형도 해외전시가 많은 시기에 해외 물류를 감당하기 어려워 고민하다가 얻어진 보석 같은 작품이다.

세렌디피티의 법칙(Serendipity's Law)이란 노력한 끝에 찾아온 우연한 행운을 말한다. 18세기 영국 작가 호레이스 월폴이 페르시아 동화 「세렌디프의 세 왕자」라는 내용에서 처음 유래된 이론이다. 동화 속 왕자들이 생각지 못한 행운으로 어려움을 이겨내는 이야기에서 그 의미가 생겨난 것인데 왕자들은 전설의 보물을 찾아 떠나지만 보물을 찾지 못하고 그 대신 계속되는 우연으로 지혜와 용기

를 얻는다는 내용이다. 사과가 떨어지는 것을 보고 중력의 법칙을 발견하거나, 모래 위에 불을 피우다 유리를 개발하거나, 목욕탕에

서 넘치는 물을 보고 부력의 원리를 알아내는 것이 이에 해당된다.

　사무공간에서 흔히 사용되는 '포스트잇'도 비슷한 상황에서 만들어졌다. 스팬서 실버란 연구원이 강력 접착제를 개발하려다가 실수로 접착력이 약하고 끈적거리지 않는 접착제를 만들었다. 누가 봐도 실패한 연구지만 이를 보고 동료가 다음과 같은 아이디어를 냈다. "꽂아 둔 책갈피가 자꾸 떨어져 불편했는데 이 접칙제로 책갈피를 만들자!" 결국, 이 접착제로 '포스트잇'이 만늘어 졌고 3M을 세계적인 회사로 만들었다. 심리학자들은 이런 행운은 최선을 다한 이들에게만 찾아온다고 해서 세렌디피티의 법칙을 '준비된 자에게 찾아오는 우연'이라고 부른다.

　새로운 형태의 작품을 계속 모색하던 중에 사각 닥종이인형이 우연인 듯 행운처럼 내게 왔다. 사각 닥종이인형은 부조(浮彫)의 형태로 만들어진 작품이다. 사각 닥종이인형을 만들기 위해 단순화하는 작업이 필요했고 네모라는 도형을 유추해 내었다. 그리고 닥종이인형의 얼굴을 네모 안에 들여놓고 희로애락을 눈과 코와 입으로 표현하였다. 때로는 얼굴 전체가 캔버스가 되기도 하고, 눈이 커지고 작아지기도 했다. 이들과 함께 수많은 날들을 함께 지냈는데, 어느 날은 코를 붙여 놓고 잠들어 코가 삐뚤어 졌는데 그것도 재미있었다.

한지가 네모 위에 덧붙여지고 색감이 입혀지는 순간 사각 닥종이인형이 탄생된다. 사각 닥종이인형으로 인해 해외 전시도 많이 가벼워졌고 주위의 많은 분들도 좋아해 주셨다. 어쩌면 나에게 사각 닥종이인형이 세렌디피티 법칙으로 다가온 것이 아닌가 싶다. 우리 모두가 각자의 자리에서 성실히 준비하고 노력하면 언젠가 세렌디피티의 행운이 미소처럼 찾아 올 것이다.

17 숨바꼭질

어릴 적 친구들과 술래잡기나 숨바꼭질 놀이를 했던 경험이 다들 있을 것이다. 나는 특히 숨바꼭질을 많이 했다. 장롱 안에 숨어서 '엄마가 나를 못 찾으면 어떡하지' 하는 걱정 반, '내가 먼저 찾으면 어떻게 하지'라는 기대 반으로 두근두근 설레었던 기억이 난다. 이렇게 어린 시절 추억 속 한 켠에 자리잡고 있는 숨바꼭질이라는 놀이! 숨바꼭질하면 떠오르는 장소가 있을까?

　　나는 어렸을 때 아파트 단지 놀이터 구석진 곳에 항상 숨어 있곤 했다. 미끄럼틀 아래 공간이라든지, 벤치 옆 그늘 진 곳이라든지 말이다. 하지만 초등학교 고학년쯤 되니 다른 아이들이 숨기 좋은 장소들을 알게 되어서 점점 나의 아지트(?)와는 멀어지게 되었다. 그래서 그때부터는 새로운 장소를 찾아다녔다. 동네에서는 주로 골목길이 많은 주택가 쪽이었는데, 골목길 담벼락 사이 틈새로 들어가서 앉아있으면 지나가는 사람들 눈에 띄지 않고 딱 좋았다. 지금 생각해보면 참 위험한 행동이었지만 당시에는 그런 스릴감이 너무 좋았다.

숨바꼭질 하면 어떤 에피소드가 있을까? 내가 자주 가던 골목길 근처에는 작은 슈퍼마켓이 있었다. 거기 주인 아주머니께서 인심이 좋으셔서 과자 같은 간식거리를 종종 챙겨주시곤 했다. 하루는 숨바꼭질을 하고 있는데 슈퍼마켓 아주머니가 그날따라 유난히 기분이 좋으셨는지 "금숙아 이리와서 이거 먹어봐" 하면서 봉지과자 두 개를 몰래 쥐어주셨다. 그렇게 받은 과자를 들고 신나게 뛰어가다가 갑자기 '어? 이러면 들키는데…'라고 생각이 들어서 얼른 다시 도망갔다. 다행히 아무도 눈치 채지 못한 것 같았다.

　그리고 몇 걸음 가지 않아 누군가 뒤따라오는 소리가 들려서 급하게 몸을 숨기고 두리번두리번 거렸다. 그러다 마침 모퉁이 너머 보이는 벽에 머리를 대고 후다닥 숨었다. 이제 곧 있으면 이 좁은 틈새로도 얼굴이 보이겠지 하고 마음 졸이고 있던 찰나였는데 순간 등골이 오싹해지면서 뭔가 이상하다는 느낌이 들었다. 고개를 돌려보니 아까 그 슈퍼마켓 앞에 서 있는 아저씨랑 눈이 마주 친 거다. 처음엔 잘못 본 줄 알고 가만히 쳐다봤는데 계속해서 나를 쳐다보고 계셨다. 어찌나 무섭던지 결국 나는 술래에게 들켜서 꼼짝없이

잡혀버렸다. 나중에 물어보니 가게 문 닫으려고 하는데 애가 자꾸 왔다갔다 하길래 혹시 도둑인줄 알고 쫓아왔다고 말씀하셨다. 얼마나 죄송하던지… 지금까지도 두고두고 후회되는 일이다.

어렸을 때 재밌게 놀았던 숨바꼭질이지만 한편으로는 아찔한 사건사고가 많았던 놀이이기도 하다. 어른이 된 지금 돌이켜보면 왜 그랬을까 싶은 부끄러운 모습들도 있지만 그만큼 순수하게 뛰어놀던 동심 가득한 시간이었던 것 같다.

닥종이인형 「숨바꼭질」도 어릴 적 동심을 생각하고 만든 작품이다. 나무에 두 손을 대고 눈을 가리고 "하나, 둘, 셋, 꼭꼭 숨어라. 머리카락 보일라!"라고 외치고 돌아서서 친구들을 찾으러 가곤 했었다. 그렇게 함께 뛰놀던 친구들이 이제는 할머니 할아버지가 되어 손주들을 그리워하는 나이가 되었다. 동심은 영혼의 아침이 아닐까 한다. 가끔은 그 옛날 어린 시절처럼 아무 근심걱정 없이 마음껏 뛰놀며 놀고 싶다는 생각이 든다.

18 엄마와 아들

"우리 아들은 말도 없고 무슨 생각을 하는지 모르겠어요."
"별일 아닌 일에 왜 그렇게 화를 내는 건지."
"아들이 자꾸 거짓말만 해요."

아들의 엉뚱한 행동 때문에 엄마들은 하루하루가 힘겹다고 말한다. 또 아들이 자존감도 낮고, 화도 많고, 참을성이 부족한 것 같아 걱정된다고도 한다. 어떻게 해야 아들을 잘 키울 수 있는 건지 답답한데 어디에 물어봐야 할지도 몰라 막막하다고도 한다.

엄마와 아들의 관계가 어려운 이유는 무엇일까? 여러 이유가 있지만, 그 중에서도 여자인 엄마가 남자인 아들의 특성을 이해하지 못하는 깃의 비중이 크다. 아들은 남성에게 많이 분비되는 테스토스테론 호르몬의 영향을 받아, 공격적이고 충동적인 성향이 높다. 또 경쟁하려는 경향 또한 강해 친구와 다투고 싸울 때가 많죠. 아들을 다루기 힘든 엄마는 분노가 폭발하게 되고, 또 자책하기도 한다.

또 다른 이유로는 엄마의 해결되지 못한 과제를 아들에게 투영하는 것에 있다. 엄마의 좌절감과 무기력감이 강할 때, 이의 반대급부로 엄마는 아들이 이상적인 사람으로 성장해주기를 바란다. 또한 여자로서 남자 형제와 차별받았던 경험, 친정아버지와의 관계, 남편과의 갈등으로 인해 남성상이 부정적으로 확립되면 아들에게 부정적인 영향을 주기도 한다.

　엄마가 자신의 내적 갈등을 해결하지 못하고 아들에게 짐을 지운다면 아들의 재능은 꽃피지 못한다. 엄마가 무기력감과 좌절감에서 벗어나 여성으로서의 공감, 따뜻함, 부드러움으로 아들을 대하면 아들의 변화가 시작된다. 또한 아들의 성향을 존중할 때, 아들은 책임감 있고 타인을 배려하는 좋은 남자로 성장할 수 있다.

　엄마와 아들 사이의 관계는 특별한 만큼 많은 일들이 일어난다. 먼저, 엄마는 아들에게 항상 관심과 사랑을 주며, 아들도 엄마를 존경하고 따른다. 또한, 엄마와 아들은 서로의 일상생활을 함께하며, 서로의 성격과 취향을 공유한다. 이러한 공유는 더욱 서로를 이해하고, 더욱 친밀한 관계를 만들어간다.

　엄마와 아들은 서로의 성장과 발전을 위해 노력하기도 한다. 엄마는 아들에게 충분한 교육과 가정환경을 제공하여 건강한 인격을 형성하도록 도와주며, 아들은 엄마의 조언과 지도를 받아 인생의 방향성을 찾아간다. 그래서 엄마와 아들은 성장기에 서로에게 큰 영향을 미치는 관계이다. 아들은 엄마의 행동과 태도를 보고 배우며, 엄마는 아들의 성장과 발전을 위해 최선을 다한다. 이러한 관계는 서로에게 큰 자신감과 안정감을 주며, 서로를 지지하고 사랑하며, 평생의 친구로 남을 것이다.

닥종이인형 「모자(母子)」를 만들 때 아들을 생각하며 만들었다. 아들은 엄마에게 한없이 자랑스럽고 대견한 존재인 것 같다. 서울에서 자신의 길을 묵묵히 길이가는 아들을 응원하고 격려한다. 부모의 눈에는 자녀가 커도 아이처럼 보이는 것처럼, 어린시절의 아들은 언제까지나 추억 속에 살고 있다. 어머니 무릎은 아이에게 그 무엇보다 따뜻한 생명의 요람일 것이다.

3부

현대조형의 닥종이인형

1 사각 닥종이인형

닥종이인형으로 해외 전시를 나가면 반응이 너무 좋다. 외국인 들은 전통 한지로 표현해낸 인형들의 다양한 얼굴 표정과 생동감

있는 모습에 금방 매료가 된다. 그래서 나는 해외 전시회를 준비할 때마다 더 다양한 닥종이인형을 보여주려고 노력한다.

해외전시를 준비할 때마다 인형의 부피 때문에 한계에 부딪혔다. 닥종이인형은 부피가 커서 조금만 집어넣어도 가방에 가득 찬다. 보여주고 싶은 인형들은 많은데, 물류비용을 고려해 남겨두고 가야하는 인형을 생각하면 늘 아쉬웠다. 그래서 '어떻게 하면 인형의 부피를 줄여서 더 많은 닥종이인형을 소개할 수 있을까?' 고민하게 되었다.

닥종이인형은 대부분의 작가들이 비슷한 방식으로 표현한다. 닥종이를 주재료로 작은 인형 크기의 사람과 주변 사물을 만드는 식이다. 그런데 어느 순간부터 '나만의 인형이 없다'는 것을 깨달았다. 그래서 대학원을 다니는 내내 고민했다. '나는 인형을 왜 만들려고 할까?' 스스로에게 질문했다. 닥종이인형을 통해 사람들과 소통하고 싶었다. 지금까지와는 다른 새로운 방식이 필요하다는 생각이 들었다.

다른 작가들은 소통을 어떻게 하는지 주변을 둘러보기 시작했다. 그 와중에 사각형이 눈에 들어 왔다. 텔레비전도 사각, 스마트폰도 사각, 메모하는 수첩도 사각… 대부분의 사람들이 사각이라는 틀 속에서 소통을 한다는 것을 발견하게 되었다. 그것에 착안해서 사각인형이 탄생하게 되었다.

나는 인형을 만드는 사람이다. 그래서 '사각 안에 무엇을 함축할 수 있을까?' 고민 끝에 얼굴을 떠올렸다. 사각 안에 눈, 코, 입을 넣어서 사람들과 소통하고 싶었다. 또한 사각의 틀 안에 우리의 삶과 인생이 묻어나게 하고 싶었다. 사각인형의 얼굴에 희로애락을 표현했다. 어떤 것은 분노를 담고, 어떤 것은 즐거움을 담고, 어떤 것은 슬픔, 어떤 것은 쾌락을 담았다.

사실 인형을 만들어 온 30년 동안 즐겁지만은 않았다. 딸아이가 어릴 때부터 닥종이인형을 만들기 시작했다. 인형을 배우려면 새벽 5시에 일어나서 스승님이 계신 대구로 출발해야 하는 날들이 많았다. 아침에 유치원을 가야하는 아이를 챙겨줄 수 없어서 전날 밤 아이의 머리를 질끈 묶어주고 자게 했다. 어느 날 딸아이가 할머니에게 이렇게 말 했다.

"할머니 이렇게 머리를 묶으면 아픈데 엄마가 새벽에 일어나서 가야하기 때문에 참고 있어요." 그 말을 듣고 어머니가 속이 상해서 나에게 당장 전화를 하셨다. "너 당장 안 오냐? 무슨 큰일이 있다고 애기머리를 이렇게 묶어서 아프게 하냐!" 친정어머니께 얼마나 혼이 났는지 모른다. 나는 딸아이가 그렇게 아팠는데도 새벽같이 나가는 엄마를 위해 참아냈다는 것을 그때서야 알았다. 이렇게 30년 넘게 인형을 만들어 오면서 내가 느끼고 겪었던 희로애락을 사각인형의 얼굴 안에 담아내고 싶었다.

사각인형으로 사람과 사물을 내가 원하는 방식으로 표현하고 해석할 수 있었다. 우리 아들, 딸, 남편 등 모든 대상을 나만의 방식으로 표현할 수 있어서 좋다. 사각 닥종이인형은 전 세계적으로 만든 사람이 없다. 나만의 것이다. 나만의 색깔을 찾은 것이다. 사각

인형을 세상에 선보이기 전까지 나는 공예작가 중에 한 명이었다. 사각인형이 나오고 난 다음부터 나는 아티스트로 평가받게 되었다. 특히 예술 계통 사람들의 반응이 좋았다. "정말 멋지다! 기발하다! 창의적이다!" 라는 평가를 많이 받았다. 그들이 내 작품을 사기 시작했다. 지금도 나의 사각인형은 계속 변화하고 또 발전하고 있다. 다양한 표현이 가능해서, 만드는 작업도 재밌다.

뉴멕시코에 처음 전시회를 하러간 적이 있다. 미국 3대 중요 아트페어 중에 하나인 '산타페 아트페어'에 참여하였다. 그룹전이었고 나는 사각인형을 걸었는데, 그때 내 사각인형이 처음으로 팔렸다. 아트페어에는 한국인이 거의 없었고, 관람객 대부분이 전 세계에서 온 작가들이었다. 내 사각인형 작품을 산 외국인이 정말로 좋아했다. 그분에게 왜 이 작품을 샀냐고 물었더니 이렇게 말했다.

"현대적인 부분과 오리엔탈이 만난 것 같아서 나에겐 참 특별했습니다."

산타페 아트페어 덕분에 사각 닥종이인형에 대한 비전을 볼 수 있었다. 해외전시회에서는 처음으로 사각인형에 대해서 좋은 반응과, 자신감도 얻었다. 이제 사각 닥종이인형은 박금숙을 대표하는 인형이 되었다. 나에게 사각 닥종이인형은 표정으로 빚은 희로애락의 만다라다.

나는 사각 닥종이인형과 함께 전국투어와 세계투어를 꿈꾸고 있다. 모든 사람들의 집에 닥종이인형이 적어도 하나씩은 놓여있는 모습을, 특히 아이들이 닥종이인형을 가지고 노는 모습을 늘 상상한다. 그것이 최종목표다. 그래서 나의 탐구와 연구는 지금도 계속되고 있다.

2 한지고무신

　　해마다 3월 신학기가 되면 검정 고무신이 생각난다. 학교를 가야 하는데 옆집 양신이는 벌써 운동화에 책가방까지 샀다고 자랑을 한다. 엄마는 일만 하고 내 학교 갈 준비는 안중에도 없다.

"엄마, 나는 언제 운동화 사주시나요?"

"응, 검정 고무신 있잖아. 아직 닳지도 않았는데 운동화를 왜 사니?"

무심한 엄마의 대답에 나는 우울했다. 그때 한 가지 꾀가 생각났다. 고무신을 벽에 대고 박박 문지르면 되겠다 싶었다.

오늘은 귀한 손님을 위해 공방 문을 열었다. 오전에 초등학교 도서실에서 한지고무신 만들기 특강을 하고 서둘러 공방으로 돌아왔다. 그때 온 문자 한 통! '선생님 안녕하세요? 그제 갔던 하진이 엄마예요. 오늘 올라가기 전에 아이가 한 번 더 가고 싶어 해서 왔는데 안 계셔서 문자드려 봅니다.' 며칠 전 한지고무신 만들기 체험을 했던 야무진 아이의 엄마가 보낸 문자였다. 안 그래도 연락이 오길 기다렸던 터라 반가웠다.

"하진아, 한지고무신은 양 옆에 원하는 색깔의 한지를 먼저 붙여 무늬를 만들고 고무신코와 옆선, 그리고 바닥을 붙이면 완성된다."

하진이와의 만남이 좋은 인연이 되려 했는지 체험할 수 있는 시간이 충분했다. 한지고무신을 만들면서 이야기도 하며 소중한 추억을 쌓았다.

"여기에는 빨강색, 보라색, 노랑색, 하트는 빨강색, 파란색."

한지의 매력에 푹 빠진 아이를 보며 나도 덩달아 입가에 미소가 번졌다. 손에 묻은 밀가루 풀로 불편하고 힘들었을 텐데…, 한지에 풀을 붙이면서 즐거운 표정을 짓는 하진이를 기쁘게 바라봤다.

"하진아! 고무신은 신발이 두 개인데 이것은 '동반'을 의미하고, '함께, 오래, 같이 가겠다'는 뜻이란다. 그리고 이 고무신을 아기를 갖지 못한 신부에게 선물하면 아기가 생긴단다. 아기가 신발이 신고 싶어 선물 받은 사람의 아기주머니 속에 들어간다는 이야기가 전해지고 있거든."

한지고무신을 다 만들고 환하게 웃는 하진이의 모습을 보며 '한지의 미래는 동심이다'라는 생각이 들었다. 하진이도 하진이엄마도 나도 귀한 인연으로 즐거운 하루를 보냈다. 한지고무신은 눈으로

신는 신발이요, 마음이 담기는 신발이다.

　어릴 적 고무신을 벽에 대고 문지르다 구멍이 났다. 엄마에게 혼날까봐 엉엉 울어버렸다. 하지만 엄마는 웃으시며 나를 안아주었다. 다음날 나도 양신이와 똑같은 운동화를 신고 학교에 갔다.

3 3D 프린팅 한지인형

"엄마, 어제도 밤을 새셨군요."
"그래. 작품 전시 날이 얼마 남지 않았구나."

눈을 비비며 방에서 나오는 딸아이와 거실에서 인형을 만드는 내가 마주치며 나누는 대화이다. 매년 전시를 위해 밤을 새는 날이 많다. 낮에는 수업 준비하고, 강의하고, 모임 가느라, 인형을 만드는 일을 할 수가 없다. 집에 들어와 저녁 먹고 가족들과 잠깐 얘기하고 거실 책상 앞에 앉으면, 나만의 사색과 자유로 한지에 풀을 칠하며 인형을 만들기 시작한다. 때로는 라디오에서 흘러나오는 DJ 목소리가 친구가 되기도 하고 듣고 싶던 팝송이나 노래를 틀어놓고 일을 하기도 한다.

"사르득 사르득" 풀칠을 하고 한지를 찢을 때 나는 소리와 감촉은 밤을 새워도 힘이 들지 않게 한다. 어제 밤을 새워 만든 인형들이 거실에 늘어져 있지만 완성이 된 것은 없다. 이 인형들이 완성되려면 아직도 2주일은 더 지나야 하리라.

'인형을 더 빨리 만들 수는 없을까?' 인형을 만든 지 20여년이 지나면서 계속 드는 생각이었다. 2015년 당시 우리나라는 성장 동맥으로 '3D 프린팅 산업'을 선택했고, 기업과 기관에서는 앞 다투어

지원사업이나 보조금으로 사업을 확장해 가고 있었다. 네모난 상자 안에 로봇 팔이 움직이면 모양이 만들어지는 3D 프린팅 기계는 내 겐 신기한 물건이었다. 처음에는 호루라기며 공이며, 조그만한 것들이 만들어 졌는데 매년 아니 매달 들려오는 소식을 보면 점점 더 다양한 것들을 만들어가는 것 같았다.

'3D 프린팅이 한지와 만나면 어떻게 될까?'라는 의문과 인형을 더 빨리 만들 수 있는 방법에 대한 고민을 접목시켜 보니 답이 보였다. 한지는 친환경인데 3D 프린팅에서 쓰는 재료도 옥수수 전분이라는 말에 더욱 친근감이 느껴졌다.

처음에는 기계를 구하기도 어렵고 인형을 어떻게 만들지 캄캄했지만, 내가 못하는 것은 전문가의 도움을 구하며 내가 할 수 있는 인형을 만드는 것에 열정을 쏟았다. 지금은 상품으로까지 만들어진 3D 프린팅 한지인형이 처음에 만들어졌을 때의 모습은 얼마나 우스꽝스러웠는지 모른다. 우스꽝스러운 3D 프린팅 한지인형을 가지고 모본 체험을 하며, 모순을 발견하고 다시 디자인하고 또 다시 디자인한 끝에 인형은 7번의 수정으로 멋지게 완성되었다.

작가의 손에 현대 문명의 손길이 더해져 3D 프린팅 한지인형이 탄생했다. 이제는 친근하게 전주 한옥마을의 대표 인형으로 자리할 것을 생각하며 작업에 몰두한다. 지원군 같은 첨단 기기의 든든한 손길이 옆에 있다. '어떻게 하면 즐겁게 체험을 할 수 있을까? 어떻게 하면 더 예쁜 모습의 한지인형을 만들까? 어떻게 하면 최고의 성취감을 느낄 수 있을까?…' 이런 생각들을 할 때마다 나는 행복한 사색에 빠져든다.

4 디자인등

우리나라는 그렇지 않지만 서양에선 조명의 활용이 참으로 다양한 것 같다. 간접조명을 사용하는 그들에게 조명 디자인(아트)은 실생활의 일부가 되어 있는 듯하다. 청소를 할 때도 음식을 장만할 때도 아이와 잠자리에 들 때도 조명은 우리의 삶 깊숙이 들어와 있다.

　등을 디자인했다. 기존에 있는 등처럼 하고 싶지 않아 독특한 등을 디자인 해보았다. 모티브는 도형에서 얻었는데 삼각형에 마음이 갔다. 그렇다면 직각삼각형을 쓸 것인지, 정삼각형을 쓸 것인지, 이등변 삼각형을 쓸 것인지 고민하다 정삼각형을 선택했다. 아래에 선반을 만들어 중심이 되게 하고 정삼각형은 아크릴로 만들어 빛이 나오게 했다. 이제 정삼각형을 어떻게 한지로 펼칠 수 있을까 고민하게 되었다.

　며칠 동안 생각이 나질 않아 이리 저리 다녔던 기억이 난다. 그러다 커피숍에 앉아 흘러나오는 음악에 취해 있을 때 눈에 들어 온 작품 하나가 있었다. 하얀 광목에 코스모스를 딱 한 송이만 표현했는데 거기에서 오는 꽉 참이란… 스티치로 하나하나 정성을 들인 작품에서 영감을 얻게 되었다. 정삼각형 아크릴에 올릴 줌치 한지를 2배접하고 가위로 삭뚝삭뚝 잘랐다.

　'잘라져서 생긴 길들이 내 삶의 인생길이 되겠지' 잘라져 생긴 조각들에 코스모스 스티치에서 얻은 영감을 사용하여 하나하나 손으로 떠 보았다. 잔잔하게 밀려오는 줌치 한지의 고고함과 스티치의 선들이 각기 다른 색을 가지고 뿜어져 나왔다. 마지막에 선과 선 사이의 크고 작은 원들에 색감이 강한 한지를 원으로 넣으니 빈 공간에서 밀려오는 허전함을 밝게 바꾸어 놓았다.

조각이 났지만 길이 되어 모이고, 길 가운데 휴식 같은 원이 있어 잠깐 머물다 다시 흐르고… 오동나무로 받쳐진 사각선반이 견고하게 서 있어 삼각과 함께 빛을 비춘다. 봄, 여름, 가을, 겨울의 사계를 표현한 등들이 계절의 날씨처럼 스티치 안에 색으로 표현되고 하나의 커다란 산맥처럼 굽이쳐 흐른다.

처음 해 보는 디자인 작업이었다. '고민하고 해결하고 또 고민하고 해결하고…'를 반복하다 보니 작품이 완성되었을 때의 성취감은 다른 작품들보다 배가 되었다. 관찰과 아이디어가 조각보처럼 '조각난 것들'을 다시 살려냈다. 시장에 나갈 때 다른 작품과의 콜라보에도 잘 어울려서 재미있게 그림을 그릴 수 있었다.

빛을 내니 좋다. 주변에 어둠이 사라졌다. 사람들이 하나, 둘 모여 들었다. 그 속에 빛과 함께 환하게 웃는 모습이 보이고 정겨운 소리들이 들린다. 다가오는 빛을 가슴에 안았다. 빛과 하나다.

5 한지예찬

추위 탓인지 전주 한옥마을에는 한낮에도 사람들의 움직임이 적다. 옛날 선비들은 추위에도 의관을 정제하고 사랑방에 앉아 글을 읽거나 바둑을 두었다고 한다. 그들은 마음으로 추위를 이겨냈으리라. 약간의 추위에도 무조건 히터를 틀어대는 우리에게는 상상할 수도 없는 일이다. 자연의 흐름에 순응하며 마음으로 추위를 이겨낸 선조들의 겨울 풍경.

세계가 주목하는 전주시 풍남동 교동의 한옥마을에는 고풍스러운 한옥 기와집이 700채가 넘는다. 전주 한옥마을은 전통 문화의 숨결을 느낄 수 있는 국내 최대 규모의 한옥 주거 공간이다. 독특한 멋과 아름다움을 지닌 한옥마을이 한지와 어우러져 더욱 멋스러움을 지닌 곳이 되었다.

    인간은 세상에 태어나 죽을 때까지 참 많은 것들과 인연을 맺으며 한 평생을 살다가 자연으로 다시 돌아간다.

    이 인연 중에는 사람과의 만남도 있고 자연과의 만남도 있고 우리가 사용하는 일상적인 물건과의 만남도 있을 것이다. 그 가운데 우리가 원하지 않아도 만나서 인연을 맺어야 하는 것이 일상에서 사용하는 사물인 것 같다. 사람과 자연과의 만남은 내가 원하지 않는다면 피할 수 있는 것이지만 곁에 두고 사용해야 하는 물건 가운데는 피하고 싶어도 죽을 때까지 꼭 함께 해야 하는 것들이 수없이 많다.

    한옥마을을 대표한다고 해도 과언이 아닌 한지는 예로부터 우리 선조들의 삶의 일부였다. 먼저 새 생명의 탄생을 위해 한지로 금줄을 쳤고, 돌잡이 상에 책이 올라왔으며, 제기, 연, 종경도 한지였다. 과거시험에 쓰던 질 좋은 답안지와 청혼서, 사주단자를 한지로 주고받았으며, 결혼 후에 살림집 안에는 한지로 다양한 용품들이 방안 곳곳에 자리 잡고 앉아 한껏 아름다운 멋을 뽐내고 있었다.

　한지 공간 연출은 일부러 꾸미지 않고 가장 자연적이고 단순화했을 때 가장 아름다움을 발할 수 있다. 백제 온조왕 15년, 춘 정월에 궁실을 지었는데 단아함에 매료되어 그 건축물을 한 마디로 표현한 김부식의 《삼국사기》 한 구절을 상기해 본다.

　"검소하지만 누추하지 않고 화려하지만 사치스럽지 않다(儉而不陋, 華而不侈)."

　이는 '백제의 소박하고 우아한 문화'를 한마디로 표현한 가장 절묘한 묘사로 평가되고 있다. 이는 절제와 기품을 중시했던 우리 선조들의 곧은 선비정신과 맞닿아 있어 그곳에 살아가는 사람의 인품과 전주한지의 기품을 대변할 수 있는 가장 적절한 표현이라고 할 수 있다.

　또한 방 안에는 벽지와 장판지, 창호지를 발랐는데, 한지를 여러 겹 붙여 두껍게 만든 후 기름을 먹여 사용하였던 장판지는 질기고 윤기가 있을 뿐 아니라 방수도 잘 돼서 온돌 바닥에서 올라오는 열과 습기를 조절해 주는 역할을 하였고, 창과 문에 발랐던 창호지는 햇볕이 잘 투과되어 실내를 밝게 만들어 주는 한편, 보온 효과도 뛰어나 실내의 온도를 알맞게 유지시켜 주는 역할을 하였다.

    여인네들은 일 년 동안 사용할 장을 담그기 위해 장독대에 즐비하게 올려놓은 항아리에 부정 방지를 위해 금줄과 함께 버선모양으로 오려놓은 한지를 붙여 놓았다. 제대로 된 장을 담그기 위해 택일을 한 후 목욕재개하고 고사까지 지내며 부정 타지 않도록 조심했다고 하니 얼마나 정성을 들여 만들었는지 알 수 있을 것 같다. 어느덧 나이가 들어 죽게 되면 한지로 몸을 감싸고 넋을 기리는 글을 한지에 적어 깃발로 만들어 장례를 치렀으니 우리 선조들은 일생을 한지로 시작해서 한지로 마감한 것이다.

    "뽀드득, 뽀드득" 어제 내린 폭설에 신이 난 아이들의 눈 밟는 소리가 난다. 아이들의 재잘거림과 웃음소리에 눈을 쓸던 아저씨의 입가에 웃음이 피어난다. 한옥마을에 펼쳐든 우산들이 알록달록 색채를 선사한다. 나는 눈을 피해 공방 안으로 들어 온 손님과 눈

인사를 한다.

"닥종이인형이 선생님을 많이 닮았네요?"

손님의 말에 피식 웃으며 한지로 만든 닥종이인형을 바라본다. 닥종이인형에게 한지는 피요 살이요 뼈요 그 속에 담긴 생명의 숨결일 것이다.

6 한류의 꽃 '한지' 모로코에 알리다

"잘 다녀오겠습니다."

이른 새벽 남편의 배웅을 받으며 떠난 8박 10일의 일정, '2015 모로코 한지문화제'를 위해 11월 21일에 인천을 출발한 비행기는 파리드골공항을 거쳐 모로코라바트 살레 공항에 도착했다. 우리나라의 초겨울을 연상케 하는 날씨는 비교적 쾌적하였다. 8년이나 지났지만 그때의 기억이 지금도 선명하다.

공항에서 우리를 맞이한 가이드는 모로코의 원래 성식이름은 '모로코왕국'이라는 설명을 시작으로 모로코왕국의 역사와 문화 대해 알려주었다. 수도는 라바트이고 동쪽과 남동쪽은 알제리, 남쪽은 서사하라와 접해 있으며, 북쪽은 지중해, 서쪽은 대서양에 면해 있다. 면적 71만 평방킬로미터, 인구 3,200만 명이다. "대한민국의 7배이다"는 말이 더 잘 이해가 되었다. 국민소득은 3200$~3300$이고 국민 대부분은 아랍-베르베르인이며 아랍어와 베르베르어를 사용한다고 했다.

입헌군주국으로 헌법에 의해 왕에게 최고 행정권이 주어지며 왕이 총리를 임명한다. 7세기 말 이슬람 세력의 침략을 받았으며,

이로 인해 이슬람교를 믿게 되었다. 이후 알모라비데·알모아데 왕조 등 여러 왕국이 통치했다. 19세기에 유럽 열강의 관심을 받게 되면서 1912년 프랑스의 지배를 받다가 1956년에 독립했다. 모로코는 빠르게 현대화되고 생활수준이 향상되었지만, 많은 고대의 건축물과 전통적 관습을 보존하고 있다. 대서양의 주요한 항구인 카사블랑카는 모로코에서 가장 큰 도시이다. 이 도시는 모로코 산업과 상업의 중심지이다.

　모로코는 베르베르인의 주거지로 알려졌지만, 좀더 정확하게는 아마지그인 토착 유목민들의 전통적 거주 지역이다. 모로코는 대규모 이민에 영향을 받아서, 원래는 그 지역 밖에서 들어와 정착생활을 했던 사람들이 오랫동안 도시 공동체를 이루었던 지역이다. 매우 이른 시기부터 카르타고의 지배를 받았던 이 지역은 나중에는 로마 제국이 정복했던 가장 서쪽 지역이 되었다. 모로코는 1912년 프랑스의 보호국이 되었으나, 1956년 다시 독립을 얻었다. 모로코는 오늘날 북아프리카 지역에 있는 유일한 왕조국가이다.

　수도 라바트의 북쪽으로 대서양 연안이 가깝다. 다른 항구도시로는 지브롤터 해협에 면해 있는 탕헤르, 대서양에 면해 있는 아가디르, 지중해에 면해 있는 알호세마가 있다. 페스 시는 북아프리카에서 가장 훌륭한 재래시장인 수크로가 유명하다. 모로코의 화폐는 디람을 쓰고 있다.

다음날 호텔 조식 후 페스로 출발했다. 인구 130만의 페스(Fes)는 일찍이 AD 8세기 말에 최초의 이슬람 왕도로 정해졌던 고도로, 그 후에도 다시 모로코의 수도로 정해졌던 모로코 굴지의 대도시이다. 1981년 구도시 전체가 세계문화유산으로 등재된 미로의 도시로 섬세한 금속 세공과 목각, 타일공예, 가죽천연 염색으로 유명하다. 모로코의 종교, 문학, 학문의 중심지이고 전국에서 또 타 국가에서도 많은 학생들과 성자들이 메데르사에서 공부하고 연구하러 찾아오고 있다고 했다. 1,100여 년간 왕조가 여러 번 바뀌고 프랑스 식민지 시절에 수도가 라바트로 이전되었어도 현재까지 계속 발전되어 왔다.

페스(Fes)는 크게 세 구역으로 구분된다. 즉 구도시(페스 엘발리)와 유태인 구역과 왕궁이 있는 중간도시(페스 엘지드), 그리고 관공서가 있는 신도시(빌레 뉴벨레)이다. 이곳 메디나는 9,400여 개의 좁다란 골목들이 미로처럼 이리저리 얽혀 있어 지리를 잘 모르면 한 자리에서 뺑뺑 돌다 마는 곳이 많다고 했다. 외적의 침입에서 피하고 그들이 출구를 찾느라고 갈팡질팡하는 동안 적을 무찌를 수 있도록 좁다란 골목으로 복잡하게 설계했다고 한다. 이 복잡한 미로에 시장과 모스크, 학교 메데르사, 주택들이 함께 어우러져 있었다.

　우리의 일정은 모로코의 수도 라바크와 마라케쉬에서 닥종이인형전시와 한지전시품 관람과 패션쇼를 하는 것으로 되어 있었다. 그런데 우리보다 늦게 도착한 짐들 때문에 다소 어려움을 겪었지만 같이 간 일행들의 능숙한 일처리로 많은 모로코 사람들의 환영을 받았다. 이곳에도 한류의 열풍은 뜨거워서 모로코에 있는 대학에 한국어과가 있을 정도이고, 대학을 가지 못하는 사람들은 독학으로 드라마와 한국음악을 듣고 연습하며 배우는 듯했다.

　"안녕하세요? 한국사람이예요?"
　"저는 한국어를 배우고 있어요."
　히잡을 쓴 여성들이 하나 둘 전시장에 모여들었다. 닥종이인형을 보고 신기해하며 닥종이인형 체험에도 열광하였다. 라바트에 있는 한국대사관과 모로코 문화부에서 페이스북과 인터넷으로 한국문화체험으로 '2015 한지문화제'에 대한 홍보를 듣고 보고 온 분들이었다.

　마침 한지에 대한 흥미를 가진 예술가들도 와서 체험도 하고 닥종이인형과 한지전시품을 관람하면서 한지에 대한 호기심을 풀어내느라 통역하시는 분이 시종일관 애를 썼다. 전시장 안쪽 공연장에서는 패션쇼를 준비하고 있었는데 장비가 많이 부족하고 가지고 간 한지 옷들이 모로코 모델들에게 맞지 않아 애를 먹고 있었다. 다행히 패션쇼는 정해진 시간에 올려 졌는데, 모델들이나 관람하는 사람 모두 처음 보는 듯한 표정으로 즐거워하고 흥미로워 했다. 나중에 안 일이지만 이렇게 큰 규모의 전시와 체험 그리고 패션쇼는 라바트에서는 처음 있는 일이라고 했다.

　라바트의 일정을 잘 마치고 영화 「카사블랑카」의 주인공인 험프리보가트가 운영하던 카페를 재현해 놓은 RICK'S CAFE에서 점심을 먹었다. 그다음 모하메드 5세 광장과 핫산 2세 사원을 돌아보고 마라케쉬 도시에 도착했다. 마라케쉬가 그리운 건 세계여행을 하는 아들과의 만남이 있어 더욱 그러했다. 아들과 함께 걸었던 젤

마엘프나광장은 포장마차와 상점 노점들이 얼마나 빽빽하게 들어서 있던지, 어느 곳은 한 번 들어가면 빠져 나올 수 없을 정도로 밀집해 있어 멀리서 바라만 보고 나오기도 했다. 다음날 마라케쉬 국립 왕립극장에서 닥종이인형 전시와 체험 패션쇼를 준비하였는데 마찬가지로 열악한 환경을 멋지게 탈바꿈 시켜 대대적인 환영을 받았다.

많은 사람들이 닥종이인형에 대한 관심이 많았지만 구매하는 사람은 없었다. 그런데 마라케쉬 부시장이 닥종이인형을 구매하였다. 전통은 세계의 모든 것을 넘나드는 듯했다. 그날 밤 마라케쉬 부시장 초청 만찬은 아주 인상적이었다. 모로코 전통 공연과 모로코의 전통 음식인 꾸쉬꾸쉬가 동양의 한과 멋을 닮은 듯하여 내 마음에 오래 머물렀다.

나는 닥종이인형을 만드는 작가가 된 덕에 한국을 알리는 문화전도사가 된 것을 기쁘고 영광스럽게 생각한다. 내가 만든 인형들도 나를 따라 그런 일들을 충실히 계속 해줄 것을 믿는다. 온고지신(溫故知新)과 법고창신(法古創新)의 사자성어가 새록새록 떠오르는 나라 모로코왕국에서 한류의 꽃 한지를 알리고 나니 마음이 벅찼다. 세계문화유산으로 등재된 미로의 도시 구페스, 섬세한 금속 세공과 목각, 타일공예, 가죽천연 염색공장 터너리는 오래도록 기억에 남을 듯하다.

 전주 한옥마을에서 닥종이인형을 만들기 시작한 지 10여 년이 지나고 있다. 닥종이인형을 30여 년이 훌쩍 넘게 만들고 있는 나에게 한지는 창작의 터전이요 내 삶의 숨결과도 같은 존재이다. 벌써 오랜시간이 지난 일을 기억하며 한지에 대한 열정을 다시 한 번 불태워 본다.

7 나눔의 미덕

 "후두둑, 후두둑" 떨어지는 빗소리를 뒤로하고 친정집 대문으로 들어선다. 문 한 켠에 친정집 정원에 수국과 백합, 이름 모를 꽃들이 하늘이 주신 단비로 촉촉이 적셔지고 있다. 반갑게 맞아 주시는 어머니의 목소리는 거실에 털썩 앉아 자유로움을 만끽하게 한다.

친정아버님께서 돌아가신 지도 벌써 20년이 지났건만 거실 곳곳에 아버지의 유품이 보인다. 평소 즐겨 읽으시던 책이며 책상, 아끼시던 도자기까지 거실 벽에 걸린 영정 사진과 함께 잘 그려진 한 폭의 그림처럼 어우러진다. 아직도 20년이 넘게 아버지께서 사용하셨던 동전과 우산을 소중히 간직해 오시고, 매실을 담은 항아리 뚜껑을 한지로 고집하는 친정어머니의 순애보엔 우리의 전통이 느껴진다. 전통문화 속엔 오랜 세월 많은 이들이 공유해온 생활습속으로써의 공감대가 스며 있다.

전주에서 20년을 넘게 살다보니 한 사람 건너 다 아는 사람이고 언젠가 어디서 본 듯한 사람들도 많이 보게 된다. 전주한옥마을을 지나는 이들은 한번쯤 닥종이인형을 보게 된다. 한지로 인형을 만드는 일로 단련된 나의 일과는, 전주의 익숙한 도로 풍경이 되어 한류문화의 한 자락을 잡고 세계로 뻗어나가고 있다. 나는 대학 시절 한지문화 산업에 대해 진지하게 공부하기도 했었다. 몇 백 년이 지난 지금에도 제지술과 직지, 고서들과 색지공예품 등은 변함

없이 우리에게 역사와 전통으로 이어진다. 한지 역시 닥종이인형과 더불어 우리 전통문화의 대표적 자산이다.

한지는 거친 듯 부드럽고, 약한 듯 질기며, 은은한 듯 화려하고… 그 속에 자연이 담겨 따스함을 품은 생명력을 지닌다. 이러한 닥종이인형의 독특한 특성과 우수성은 '기본적인 종이의 역할'을 넘어 다양한 방법으로 조형 예술의 소재로 쓰인다. 나는 한지로 만드는 닥종이인형을 통해 전통과 현대의 절묘한 조화, 그 끝없는 향연을 꿈꾼다.

이런 저런 생각에 잠긴 내게 친정어머니는 밥상을 내민다. 새로 한 밥과 조기, 겉절이, 상추며 고추, 맛있게 끓인 된장찌개, 엄마의 밥은 항상 맛있고 달다. 엄마는 남은 여생을 자식들에게 늘 베풀어 주시며, 마치 친정이 고향처럼 느끼도록 애쓰신다. 나도 이것을 이어받아 딸아이에게 이런 느낌을 전수해 주어야 할 텐데 시간이 없다는 핑계로 소홀해진다.

미리 준비해 놓으신 김치며 고추장, 맛있는 된장 등을 싸 놓으시고 집으로 돌아가는 나에게 말씀하셨다.
"책에 좋은 말이 있어 적어 놓았으니 한 번 보고 가거라."
책상에 놓인 흰 종이 위에 쓰인 말은

"꽃향기는 10리, 고운 말씨는 100리, 인격은 1,000리, 베풂은 10,000리!"

떨어지는 비는 돌아오는 길에 환한 해로 바뀌었다. 비 온 뒤의 깨끗함과 상쾌함을 느끼며 등 뒤로 손을 흔들며 서 계시는 친정어머니께 조용히 전한다.

"그래요 엄마! 베풀며 살게요!"

8 전주한옥마을 문화장터

전주 한옥마을 문화장터에 나왔다. 매주 토요일과 일요일 전동 성당 앞 길가에서 장터가 열린다. 프랑스 파리의 몽마르뜨 언덕에 화가들이 그림을 그린다면, 전주 한옥마을에서는 문화장터 작가들이 직접 만든 작품을 가지고 장터를 연다.

올해로 15년째를 맞는 문화장터는 12명의 작가들이 '한지인형, 매듭, 한지패브릭, 도자기, 한지쥬얼리, 목공예, 압화, 수제도장, 은공예, 가훈 써주기, 우드마커스, 캘리그라피'를 가지고 본인들의 작품을 선보인다.

코로나가 창궐한 2020년부터 2022년까지 문화장터도 일시적으로 문을 닫기도 했다. 꽃봉오리가 올라오는 요즘, 한옥마을은 다시 사람들로 붐빈다. 한복을 입은 연인들도 보이고, 가족들과 함께 나들이 나오신 할아버지 할머니도 보이고, 교복을 입고 환한 웃음을 짓고 계시는 아주머니들도 보인다. 마스크를 벗은 얼굴에는 웃음꽃이 피었다. 한옥마을 주변에 버스킹이 있으니 귀도 즐겁고, 한옥마을 문화장터로 인해 눈도 즐겁다.

경기전(慶基殿) 광장에서는 지진으로 고통당하고 있는 튀르키예에 성금을 보내려고 모금을 벌이고 있다. 지나가는 사람들 사이로 경기전 앞 '전주 경기전 하마비' 비석이 보인다. 하마비는 누구든지 이곳을 지나는 사람은 말에서 내려야 한다고 적혀 있는 비석으로

조선시대에 궁궐, 종묘, 문묘, 향교 등의 문 앞에 세웠다고 한다.

경기전 하마비는 광해군 6년(1614)에 경기전을 고쳐 지을 때 처음 세웠고, 철종 7년(1856)에 고쳐서 다시 세워졌다. 비석의 앞면에는 '지차개하마 잡인무득입(至此皆下馬 雜人毋得入)'이라고 새겨 '계급의 높고 낮음, 신분의 귀천을 떠나 모두 말에서 내리고, 잡인들의 출입을 금한다'라고 적혀 있다. 하마비는 일반적으로 사각의 받침돌과 비석 몸체로 이루어져 있다. 그러나 경기전 하마비는 사자(혹은 해치) 암수 두 마리가 직사각형 받침돌에 세운 비석 몸체를 등으로 떠

받치고 있는 보기 드문 형태이며, 말에서 내리도록 안내하는 기능 뿐 아니라 경기전을 수호하는 의미도 있는 것으로 보인다.

"쑥대머리~" 판소리가 한창인 광장주변에 사람들이 모인다. 그 앞에서 전주의 수공예를 자랑하는 '전주한옥마을 문화장터' 작가님들이 있으니 볼거리가 가득하다. 전통의 법고(法古)와 현대의 창신(創新)이 결합되어 빚어내는 한국의 미학이 생생하게 살아 숨 쉬는 곳! 천년의 전통을 이어가는 경기전이 하마비를 품고 있듯, 전주한옥마을의 예술문화가 앞으로의 천년도 문화장터 작가님들과 함께하기를 빌어 본다.

9 느리게 걷기

세상은 빠르게 지나간다. 누군가와 이야기를 주고받는 순간에서부터, 대상이나 사건을 이해하고 습득하기까지 걸리는 시간이

짧아, 바로 그 다음에 해야 할 것들을 생각하는 호흡 빠른 인생을 살아 왔다. 오늘 할 일을 오늘 했는데, 왜 일은 줄지 않는 것일까?

지난 몇 년 동안 남들처럼 살아보겠노라고, 내 나름대로 굉장히 열심히 템포가 빠른 삶을 살아보고자 노력했었다. 누구보다도 새로운 것을 더 빨리, 더 많이 흡입하기 위해 닥치는 대로 집어 삼켰다. 마치 그동안 하지 못한 것들을 단 번에 보상받기라도 하겠다는 듯이….

어느 날 갑자기 배가 아팠다. 위장에 염증이 생긴 듯했다. 배가 아프니 머리도 아팠다. 먹은 것들을 다 토해 내고서야 배가 가라앉았다. '또 역류성 식도염이 찾아 왔구나' 가끔 나에게 오는 식도염이라는 손님은 나의 숨 가쁜 질주를 막아주는 신호등 같은 것이다.

매일 반복되는 일상에 주문이 들어오거나 전시 날짜가 잡히면 빠른 템포에 가속페달을 밟게 된다. 밤사이 밟게 되는 속력은 질주의 쾌감을 만족시켜주듯 아침에 완성된 작품을 보며 또 다른 질

주를 꿈꾸게 한다. 그러한 일상에 식도염이 찾아오면 무기력과 삶의 회의가 찾아오기 마련이다. 땀을 뻘뻘 흘리며 흐려진 동공과 어지러운 머리를 감싸며 창밖을 바라본다. 파아란 하늘과 솜털 같은 뭉게구름이 나를 밖으로 유인하지만 힘이 없다. 또 한 번의 구토와

어지러움….

　아파트 화단에 꽃들이 화사하다. 후두둑 후두둑 내린 비님을 흠뻑 마신 잎들이 더욱 싱그럽다. 잎사귀에 붙은 달팽이 한 마리를 발견하고 쳐다본다.
　"왜 그리 빨리가시나요? 천천히 천천히 느리게 걸어 보세요."
　달팽이를 보고 있자니, 그 사이 꽃늘의 수술과 꽃잎, 가느다란 방울을 맺은 잎들이 그제서야 다가온다. 촉촉한 땅에서 튕겨 올라오는 빗방울들도, 우산 사이로 들어오는 비님도 모두 내 삶의 일부가 되어 나를 천천히 걷게 한다. 세상이 비에 젖는 날, 비로소 내 삶의 느리게 걷기가 시작되었다.
　닥종이인형들의 표정이 다 다르듯이, 세상은 무수히 많은 차이로 가득하다. 그것은 결코 빠른 템포로는 볼 수 없고, 빠른 호흡으론 느낄 수 없는 것들이다. 어쩜 우리 인생에 많고 많은 일들도 또한 그러할 것이다!

10 한옥의 기와

오래된 도시 전주가 너무 바빠지고 있다. 모두에게 젊음과 속도를 강요하는 듯한 도시에는 '깃들 만한 따뜻하고 나이 든 품'이 많지 않다. 수많은 아름답고 소중한 것이 사라진 요즘, 전주에는 옛 풍취를 그대로 간직하고 있는 한옥마을이 있다. 전주의 한옥마을에선 어느 누구라도, 어떤 취향을 가진 사람이라도 오랫동안 바라보고 마음을 내려둘 만한 장소 한두 군데는 발견할 수 있을 것이다.

　한옥마을엔 오랜 기와집처럼 굳건히 우리문화를 지키고 있는 장인들이 있다. 한장 한장 한지를 붙여 만드는 일은 그야말로 수행이다. 대부분의 장인들은 '수행하는 기분으로 작업을 한다'고 고백한다. '정성으로 혼을 담는 일에 작가의 수행이 따르지 않는다면 명작이 나오겠는가?' 그런 장인들을 볼 수 있는 곳이 전주 한옥마을이다.

　봄이 가까이 온 듯 나무에 새순이 보이는 골목에 한옥기와가 눈부시다. 오늘은 오목대에 올라 한옥마을의 기와를 바라본다. 한옥마을의 기와와 풍경이 가까이 다가온다. 한옥의 기와, 단청, 나무 기둥, 바닥의 박석 흙벽 위로 떨어지는 햇살은 저 바깥 도시의 햇살과는 색깔도 온도도 완전히 다르다. 한옥마을의 낮과 밤이 다른 이유이다.

　기와의 형태가 다른 것이 보인다. 기와의 형태 중 가장 기본적인 것은 암키와(평기와)와 수키와(둥근기와)인데, 이 기와를 합쳐서 하나로 만든 것도 있다. 일반적으로 지붕은 산자 위에 진흙을 이겨 얇게 편 다음, 위·아래로 암키와를 걸치고 좌우의 이음매에 수키와를 덮는다. 그리고 처마 위에 비아무림으로 막새를 붙이는데 암키와 끝의 것을 암막새, 수키와 끝의 것을 수막새라고 한다. 기와의 재료에 따른 분류로는 찰흙을 반죽하여 구워 만든 토기와, 시멘트와 모래를 섞어 만든 시멘트기와, 금속판으로 가공 성형한 금속기와도 있다.

"짹짹짹 째째째짹"

이름 모를 새들의 노래 소리가 한옥마을의 정취에 빠진 나를 깨운다. 앙상한 가지에 새순이 트고 꽃들에게는 자신의 아름다움을 뽐낼 계절이 다가온다. 새 봄에는 살랑거리는 치마를 차려입고 한옥마을 이곳저곳을 다녀보리라. 암키와와 수키와도 찾아보고 나만 아는 소중한 장소도 둘러보리라. 한 줌 손에 쥐어 갖고 다니고 싶은 따스함을 한옥마을에 보관해야겠다. 반백이 된 머리를 염색으로 가리는 세월…,

세월 앞에서 조용히 눈을 감는다! 그저 매일매일 살았을 뿐인데 어느덧 또 한 살을 더 먹는다. 이렇게 나이 드는 나에게 오래된 한옥이 기꺼이 깃들 만한 따뜻하고 넉넉한 품을 할아버지의 무릎처럼 내어준다.

11 온기를 한 데 모으는 일

한옥마을이 사람들로 북적인다. 방문객이 1500만을 넘겼다고 하니, 매일 매일이 사람들로 가득하다. 코로나로 갇혔던 마음들이 한옥마을에서 휴식과 해방감을 갖는 것일 수도 있다.

외길 인생 30여 년을 닥종이인형작가로 살아오면서, 작가로 살아가려는 청년작가들에게 작가정신으로 자신의 일에 열정을 갖기를 바라며 《상실의 시대》의 작가 무라카미 하루키의 일화를 소개하고자 한다.

일본의 유명작가 무라카미 하루키, 그의 집 앞에 사람들이 모여들었다.

"그 상을 받으시면 안 됩니다."

사람들은 하루키에게 소리쳤다. 예루살렘 문학상은 노벨문학상, 맨부커상 등과 함께 세계 8대 문학상 중 하나로 '인간의 자유, 사회'를 잘 표현한 작가에게 수여되는 상이다. 하루키는 사회 부조리를 다룬 《해변의 카프카》로 2009년 아시아 최초로 수상이 결정된다.

그러나 같은 해 이스라엘과 팔레스타인의 갈등 중 벌어진 이스라엘 가자지구 무차별 공습으로 인해 수천 명의 비무장 시민들(어린아이와 노인들)이 목숨을 잃었다. 이스라엘에 대한 비난이 쏟아졌고 하루키의 예루살렘상 수상에 대해서도 반대 여론이 일었다.

"상을 받지 마십시오."

일본 각지에서 수상 거절에 대한 요구가 빗발쳤고 하루키가 예루살렘에 간다면 불매 운동을 불사하겠다는 경고까지 있었다. 하지만 하루키는 거센 반대에도 불구하고 시상식에 얼굴을 드러냈다. 연단 앞에 선 그는 굳게 닫혔던 입을 열었다.

"나는 한 사람의 소설가로서 이곳 예루살렘을 방문했습니다. 거짓말 잘하는 직업으로서 이곳에 왔다는 뜻입니다. 물론 소설가만 거짓말하는 것은 아닙니다. 잘 아시겠지만 정치도 곧잘 합니다. 그러나 소설가는 오히려 거짓이 교묘할수록 사람들에게 찬사를 듣습니다. 소설가는 뛰어난 거짓말로써 현실에 가까운 허구를 만듦으로써 새로운 빛을 비출 수 있기 때문입니다. 그러나 오늘은 거짓

말할 생각이 없습니다. 최대한 정직하고자 합니다."

"수상 통지를 받고서 스스로에게 물었습니다. 이런 시기에 이스라엘에 가서 상을 받는 것이 과연 타당한 행위일까? 내가 한쪽을 지지하는 인상을 주진 않을까? 그것도 압도적인 군사력을 갖고 그것을 적극적으로 행사하는 국가 말이죠. 또한 불매 운동의 대상이 되는 것도 바라지 않았죠.

하지만 결국 심사숙고 끝에 나는 결국 이곳에 오기로 결정했습니다. 그 한 가지 이유는 너무 많은 사람들이 '가지 않는 게 좋겠다'고 충고했기 때문입니다. 많은 소설가가 그렇듯 저 또한 다른 사람들이 말하는 것에 반대로 하는 경향이 있습니다. 오지 않는 것보다 오는 것을 선택했습니다. 외면하기보다 무엇이든 보는 쪽을 선택했습니다.

침묵하기 보다는 여러분에게 말을 건네는 쪽을 선택했습니다. 한 가지만 말씀드리겠습니다. 매우 개인적인 이야기입니다. 이것은 항상 맘속에 간직하고 있는 말입니다. 제가 소설을 쓸 때도 말

이죠. 종이에 써서 벽에 붙여 놓지는 않습니다만 늘 마음속에 깊이 새겨져 있습니다. 이런 말입니다. '혹시 여기에 높고 단단한 벽이 있고 거기에 부딪쳐서 깨지는 알이 있다면 나는 그 알의 편에 서겠다.' 우리는 시스템이라는 굳세고 단단한 벽을 앞에 둔 하나하나의 알입니다.

　우리는 도저히 이길 가망이 없어 보입니다. 벽은 너무나 높고 단단하며 또한 냉혹합니다. 혹시 우리에게 조금이라도 이길 가망이 있다면 그 온기를 한데 모으는 데가 생겨날 뿐입니다. 우리에게는 실감 할 수 있는 살아 숨 쉬는 영혼이 있습니다. 시스템에는 그것이 없습니다. 시스템이 우리를 만든 게 아닙니다. 우리가 시스템을 만들었습니다."

무라카미 하루키의 "높고 단단한 벽에 부딪혀서 깨지는 알이 있다면 그 알의 편에 서겠다."라는 말에 여운이 남는다. 작가로서의 길을 가면서도 세상과 타협해야 하는 수많은 일들과 작품에 대한 번뇌와 질책을 맞서 바라볼 때 무라카미 하루키의 말을 떠올리며 본인의 자리를 견고히 하기를 바란다.

"흔들리지 않고 피는 꽃이 어디 있으랴. 이 세상 그 어떤 아름다운 꽃들도 다 흔들리며 피었나니(도종환)"

바람에 흔들리는 꽃들을 바라보며, 공방 안의 인형을 바라보며 시스템이라는 굳세고 단단한 벽 앞에 따뜻한 온기를 한데 모으는 일! 그런 쪽에 마음을 세워두는 작가로 거듭나길 바래본다.

12 여름 – 딸아이의 희생

짙어진 나뭇잎의 녹색, 강렬해진 햇볕, 송글송글 맺히는 땀방울……. 여름이 왔음을 알리는 신호다. 그중 반가운 것은 길어진 해 덕분에 누리는 여름저녁이다. 적당한 온도의 상쾌한 공기 속에서 들이마시는 풀내음, 바로 이 신선한 초여름의 순간이 딸아이와의 애틋한 추억 속으로 나를 이끈다.

모두가 잠든 새벽. 곤히 잠든 남편과 아이들을 뒤로 하고 새벽차를 타러 눈을 비비며 나간다. 익산과 대구는 직행이 없어서 익산에서 서대전, 서대전에서 동대전, 동대전에서 대구로 5시간 이상의 차를 타야하는 어려움이 있었다. 대구에 닥종이인형을 가르치시는 최옥자 선생님께 가는 길은 매번 시간과의 싸움이었다.

새벽 5시 차를 타야 대구 서부터미널에 10시 20분에 도착한다. 10시 30분부터 시작되는 닥종이인형수업을 하루 종일 듣고, 오후 5시 차로 돌아오면 밤 10시가 되는 것이다. 대구에서 돌아올 때에는 버스 안에 나 혼자 승객인 경우가 많았다. 대구에서 익산까지 5번 버스가 있는데 타는 승객이 그만큼 적었던 것이다. 매주 금요일이면

어김없이 시작되는 나의 버스여행은 가족들의 희생이 뒤따랐다.

  6살 아들과 4살 딸아이에게 금요일은 유치원에 제일 일찍 가서 제일 늦게 돌아오는 날이 되었고, 남편도 아이들 챙기느라 여유 없는 시간을 보내야했다. 한 번은 대구에서 열심히 한지에 풀칠을 하고 있는데 친정엄마에게 전화가 왔다.

"너 지금 당장 짐 싸들고 집으로 와라 잉. 그 일이 돈이 나오냐, 쌀이 나오냐. 지금 뭣이 중 헌디. 빨리 와라 잉!"

어젯밤에 아이들 소풍 때문에 친정엄마께서 오셔서 주무셨는데 무슨 일인지 화가 많이 나셨다.

"아니 엄마 무슨 일이신데요?"

"딸내미 머리가 빨긋빨긋 헌디 에미가 그것도 모르고 뭣이 중허냐. 빨랑빨랑 와!"

엄마께서 아침에 외손녀인 딸아이 머리를 묶는데 머리가 아프다고 하더란다. 그리고는 '매주 금요일에 엄마가 공부하러 가야하니 밤에 머리 묶고 잘 때 아파도 참고 잔다'고 했다고 한다. 머리 곳곳이 상처투성이인 손녀딸의 모습을 보고 화가 많이 나신 것이었다.

엄마의 정이 그리워서인지 엄지손가락을 입에 물고 다녔던 딸아이. 바이올린과 피아노를 잘 치며 절대음감을 뽐내던 초등학교 시절의 새침데기 소녀.

질풍노도의 사춘기를 지나 바쁜 엄마와 얘기하고 싶어 안달하던 고3의 아가씨. 미국유학도 스페인 교환학생도 혼자서 잘 다녀온 딸랑구. 닥종이인형 작가인 엄마의 고충과 미안함을 나뭇결처럼 따뜻하게 이해해준 속 넓은 우리 딸. 잘라준 딸이 마냥 고맙기만 하다.

친정엄마의 서슬에 놀라 대구에서 5시간을 어찌 온지도 모르세 달러 왔던 때가 새삼 그립다. 빌써 30년의 세월이 흘렀지만 어제같이 느껴지는 건 여름밤의 풀내음이 추억소환의 열쇠로 작용한 때문일까? 아니면 아직도 내 마음에 추억이 따뜻하게 식지 않았음일까?

13 노랑과 회색의 조우

한옥마을에 비가 내린다. 하나 둘 가방에서 우산을 꺼내거나 근처 가게에서 우산을 준비한다. 빨강, 노랑, 검정 우산의 형형색색이 마치 한지를 붙인 문양 같은 느낌이 난다.

작년 이맘때 한지에 대한 새로운 작품에 대한 고민으로 책을 보고 자료를 찾던 중 피에르 몬드리안의 컴포지션이 눈에 들어 왔다. 몬드리안의 그림에서는 일반적으로 밝은 색상을 사용한다. 특히 그의 대표작인 「Composition with Red, Yellow and Blue」에서는 빨강, 노랑, 파랑의 색상이 사용되었다. 이 색상들은 그의 작품에서 매우 중요한 역할을 한다. 빨강은 열정과 에너지를 상징하고, 노랑은 행복과 밝은 미래를 상징하고, 파랑은 안정과 평화를 상징한다. 그의 작품에서는 이러한 색상들이 조화롭게 조합되어 있다.

몬드리안의 그림에서 사용하는 선과 면은 그의 작품에서 매우 중요한 역할을 한다. 이러한 선과 면은 그의 작품에서 독특한 패턴을 만들어내며, 작품을 더욱 흥미롭게 만든다. 또한, 선과 면은 그의 작품에서 일종의 규칙을 제공한다. 그의 작품에서는 선이 일정한 간격으로 배치되어 있으며, 이러한 규칙은 일종의 조화를 만들

몬드리안의 빨강, 파랑, 노랑의 구성

어낸다.

우측의 작품은 몬드리안의 작품에서 영감을 받은 것이다.

노랑과 회색은 서로 어울리지 않는 색이지만, 비율과 구성에 의해 의외로 조화롭게 어울릴 수 있음을 표현해 보았다. 예를 들면 노란색 배경에 회색빛 자동차라든지, 노란 가로등 아래의 회색 건물처럼 말이다. 저는 이처럼 상반되는 두 가지 색이 만났을 때 나타나는 오묘한 느낌을 좋아한다.

지금까지는 주로 검정색 계열의 무채색들을 많이 썼었는데 단조로운 느낌이 들어서 좀더 다양한 색감을 활용하기 위해서 밝은 톤의 회색을 선택했다. 또, 회색하면 떠오르는 이미지로 약간 차가운 느낌을 강조하고자 했다. 노랑의 채도를 잡아준 회색이 고정관념을 깨트리고 새로운 시각으로 사물을 바라보는 연습을 하게 하였다.

이처럼 한지로 인형이 아니라 그림을 그릴 수도 있다. 서양 회화에선 찾아볼 수 없는 독특하고 새로운 재료로 그려진 그림이기에,

그 나름의 예술적 개성과 아름다움과 가치를 가지고 있다고 생각한다. 문제는 이러한 새로운 영역을 끊임없이 연구하고 개척해 나가는 일일 것이다.

방금 오던 비가 그치고 햇살이 비친다. 한지를 믹서기에 넣고 갈아서 재료를 준비하려는데 손님이 오신다. 손님과 한지에 대한 여러 이야기를 나누며 한지의 우수성을 잘 알려야겠다.

14 한지의 색감과 부드러움 (한지 한복 와인병)

우리나라 전통 종이인 한지는 예로부터 우리 조상들이 사랑하던 종이다. 조선시대 때는 임금에게 올리는 문서나 책 등 대부분의 기록물들을 한지로 제작했을 정도로 많이 사용되었다. 그러나 일제강점기와 6.25전쟁을 거치면서 거의 자취를 감추었다가 최근 들어 다시 주목받고 있다.

한지의 원료는 닥나무 껍질이다. 주로 산간지방에서 자라는 닥나무를 이용해서 만드는데, 섬유질이 길고 질겨서 다른 종이에 비해 오래 보존될 수 있다는 장점이 있다. 또한 다양한 색을 낼 수 있어서 오방색(黃靑白赤黑)을 표현하기 좋다.

다른 종류의 나무로도 한지를 만들 수 있지만, 품질 면에서는 닥나무종이가 훨씬 우수하다. 하지만 구하기 어려운 탓에 지금은 뽕나무잎사귀나 귤껍질 등을 섞어서 만들기도 한다. 이렇게 만든 종이는 여러가지 색깔을 내기 어렵고 질감도 좋지 않다.

전통방식으로 한지를 만드는 과정은 다음과 같다. 먼저 좋은 닥나무를 골라 물에 불린 후 가마솥에 넣고 삶는다. 그런 다음 방망이로 두드려서 부드럽게 만든다. 이후 햇빛에 말린 후 잿물을 발라

표백시킨 뒤 마지막으로 풀을 바르고 건조시키면 완성된다.

한지는 한국의 전통적인 종이로써 그 독특한 색감과 무늬, 그리고 손으로 만들어지는 과정이 인상적이다. 이러한 한지는 다양한 용도로 사용되며, 가장 많이 사용되는 분야는 문화재, 예술작품, 인테리어, 가구, 의류 등이다.

한지의 부드러움은 손으로 만들어지는 과정에서 오방색을 물에 담그고, 그 물을 흘려가며 무늬를 만들어가는 과정에서 생기는 것이다. 이 과정에서 물이 한지 안으로 스며들어 가며, 한지 안에 물이 흡수되어 부드러움이 생기게 된다. 이러한 부드러움은 물이 한지 안으로 스며들어가는 과정에서 생기는 것이기 때문에, 한지를 사용하면서도 부드러운 느낌을 느낄 수 있다.

한지의 색감은 그 독특한 무늬와 함께 매우 특별하다. 한지는 오방색을 사용하여 만들어지기 때문에, 그만의 독특한 색감을 가지고 있다. 또한, 한지는 자연에서 얻어지는 천연색소를 사용하기 때문에, 그 색감이 매우 부드럽고 자연스러운 느낌을 준다. 이러한 특징 때문에 한지는 인테리어나 가구, 의류 등에서 매우 인기 있는 소재로 사용된다.

한지는 부드러운 느낌과 함께, 그 독특한 색감으로 인해 편안한 느낌을 준다. 또한, 한지는 천연 소재로 만들어지기 때문에 피부에 자극을 주지 않으며, 더운 여름에도 시원하게 입을 수 있다. 이러한 특징 때문에 한지는 의류나 패션 소품 등에서도 매우 인기 있는 소재가 되고 있다. 이처럼 한지는 다양한 분야에서 그 독특한 색감과 무늬, 그리고 부드러운 느낌으로 인해 매우 인기 있는 소재로 사랑받고 있다.

와인병과 꽃병이 한지를 만나 멋진 한복을 입었으니, 한지와 한복의 독특한 콜라보를 보여주고 있다. 미약한 시작이지만 이 또한 한지의 예술적 가능성과 활용성을 보여주는 한 예가 되리라 생각한다. 왠지 한지 한복 덕분에 와인의 맛이 더 좋아졌을 것 같다.

15 모네의 수련이 주는 설레임 - 천년의 사랑

전주의 덕진공원에 연꽃이 피었다. 사람들의 발길을 모으는 덕진공원에 모처럼 들러 보았다. 때마침 플리마켓이 열려 덕진공원이 사람들의 발길로 활력이 있어 보인다. 공원 다리 호수에 핀 연꽃이 수줍은 듯 봉오리를 맺어 눈길을 모은다. 연꽃을 볼 때마다 빛과 색의 마술사 모네의 수련이 생각난다.

　모네의 작품 중에서도 특히 유명한 「수련」 연작은 인상주의 미술사에서 빠질 수 없는 대표작품이다. 이 그림은 빛과 색채라는 주제를 가지고 그린 걸작 중의 걸작이다. 하지만 이렇게 아름다운 그림 이면에는 많은 사연이 숨겨져 있다. 그림 속 연못 주변으로는 수많은 연꽃들이 피어있다. 그리고 물 위로는 오리 한 마리가 떠다니고 있다. 이러한 모습들을 보고 사람들은 '물 위에 떠있는 꽃'이라는 의미로 '수련'이라고 불렀다. 그래서 원래 이름은 '지베르니의 정원'이지만 대부분의 사람들은 그냥 줄여서 '수련'이라고 부른다.
　모네는 1883년 파리 근교의 작은 마을인 지베르니에 정착하게 된다. 이곳은 당시 프랑스 정부로부터 땅을 임대받아 만든 인공정

원이었는데, 넓은 부지에 다양한 종류의 꽃과 나무 등을 심어놓았고 이것저것 볼거리가 많아 예술가들에게 인기가 많았다. 게다가 물가 근처였기 때문에 자연스럽게 습지가 형성되어 있었고, 덕분에 식물원처럼 여러 가지 곤충과 동물 또한 많이 살고 있었다. 실제로 모네는 자신의 정원 곳곳에 새장을 설치해서 그곳에 사는 새들을 관찰하기도 했다고 한다.

    모네는 초기엔 주로 야외에서 직접 눈으로 본 풍경을 화폭에 담았다. 그러나 점점 시간이 지나면서 점차 실내에서 작업하는 시간이 늘어났고, 결국 1926년부터는 아예 스튜디오 안에서만 그림을 그리기 시작했다. 이때부터 모네는 본격적으로 사물 자체보다는 그것이 만들어내는 분위기나 느낌을 표현하는데 집중하기 시작했고, 그렇게 탄생한 것이 바로「수련」시리즈이다.

    요즘 작업하는 한지작품은 '꽃'에서 모티브를 가져 왔다. 꽃들의 모티브를 단순화한 다음, 반복적인 무늬를 패턴화한 후에 색을 올린다. 한지의 베이스에 어떤 색을 주느냐에 따라 색채가 달라지

므로 작품을 할 때마다 설레인다. 설렘을 따라 기하학적 무늬를 지닌 세상에 없던 꽃이 탄생했다.

공원에서 사진을 찍고 있는 사진작가들의 모습이 여유롭다. 연꽃 앞에서 카메라의 방향을 바꿔가며 찍는 모습에서 열정을 느낀다. 빛과 색채를 연구하며 평생을 보낸 화가 모네. 그의 열정만큼 빛나는 명작 앞에서 잠시나마 사색에 잠겨보는 건 어떨까?

16 사각 닥종이인형 '태권도'

태권도는 우리나라 고유의 무술로서 오늘날 세계 스포츠계에서도 각광받는 종목이다. 현재 올림픽 정식종목이기도 하다. 또한 국내에서는 인기스포츠로써 자리잡아 남녀노소 누구나 즐기는 대중화된 스포츠라고 할 수 있다.

만약 누군가 "태권도 하면 뭐가 떠올라?"라고 묻는다면 아마도 십중팔구 '발차기'나 '겨루기' 같은 단어를 떠올릴 거다. 하지만 실제로 태권도 수련 시 배우는 기본 기술은 따로 있다. 바로 태극 1장~8장까지의 품새인데, 현재 초등학교 2학년 학생이라면 누구나 배우고 있는 필수 교육과정이기도 하다.

품새란 일정한 틀이 정해져 있는 일종의 약속된 동작으로써 상대방으로부터 공격을 받았을 때 방어 및 반격을 하기 위한 목적으로 사용된다. 따라서 정확한 자세와 절도 있는 동작이 요구되는데, 특히 각 품새에는 다양한 응용 동작이 포함되어 있어 상황에 따라 적절하게 대처할 수 있도록 도와준다. 뿐만 아니라 반복 훈련을 통해 체력 증진과 유연성 강화에도 탁월한 효과가 있다고 한다.

그래서 그런지 몰라도 주변엔 유독 태권도 유단자 친구들이 많다. 물론 나 역시 어렸을 때 잠시나마 배웠던 기억이 난다. 아쉽게도 시간이 지날수록 점점 잊혀져 가는데, 마침 동네 근처에 도장이 있길래 상담을 받아보았다. 놀랍게도 어린 아이들 못지않게 성인 수강생 비율도 높고, 심지어 외국인들도 많이 찾는다고 한다. 이렇

게 남녀노소 모두 즐길 수 있는 스포츠인 만큼 꾸준히 배우면 건강관리에도 좋을 것 같다.

　오늘 한지인형에 사용된 사각 닥종이인형은 태권도를 모티브로 하여 만든 작품이다. 한지를 사각 모양으로 만든 후 풀칠하여 형태를 만든다. 형태가 나타나면 머리와 몸통을 분리하고 머리카락을 보풀기법으로 표현하였다. 태권도복을 입히고 허리띠는 여러 색을 입혔는데, 각기 머리카락 색과 띠의 색깔을 동일하게 만들었다. 머리카락과 허리띠가 한 마음 한 색인 개성 강하고 독특한 태권인형이다.

기존 닥종이인형과는 전혀 다른 사각 닥종이인형을 통해 또 다른 영역을 개척해보았다. 새로운 시도를 할 때 두려움을 극복하는 데는 열정과 용기가 필요하다. 내가 좋아하는 글이 조용히 내 마음을 울린다.

"완벽함이 빛을 발할 때가 있고 아름다움이 절정에 이르는 때가 있다."

그런 영광의 순간을 위해 닥종이인형과 함께 한 걸음 한 걸음 꾸준히 나아가고자 한다.

17 초긍정 메시지 작품 '웃음'

긍정이란 말 그대로 어떠한 상황에서도 '좋게 생각한다'는 뜻이다. 반면 부정은 그렇지 않다는 의미이다. 즉 어떤 일이든 간에 긍정적으로 바라보는 시각 자체가 바로 긍정 에너지이자 긍정 메세지라고 할 수 있다. 그렇다면 우리 삶 속에서 이러한 긍정 메시지란 어떻게 적용되고 있을까?

개인적으로 나는 힘들거나 지칠 때마다 항상 "난 괜찮아"라는 말을 되뇌이며 스스로 위로하곤 한다. 그리고 실제로 그런 마음가짐 덕분에 힘든 시기를 이겨낼 수 있었던 적도 많다. 이렇듯 삶을 살아가다 보면 크고 작은 어려움 또는 고난과도 마주치게 된다. 그럴 때마다 좌절하거나 포기하지 않고 오히려 이를 발판 삼아 더 큰 도약을 하는 사람만이 진정한 승자가 될 수 있다고 생각한다.

베스트셀러 작가이자 세계적인 동기부여 전문가인 앤서니 라빈스는 《네 안에 잠든 거인을 깨워라》에서 인간의 무한한 잠재력을 강조하며 그것을 깨우기만 하면 누구나 인생을 변화시킬 수 있다고 말한다. 특히 마음속에 잠들어 있는 거인을 깨우는 방법으로 다음 세 가지를 제시하는데, 첫째가 '결단', 둘째가 '신념', 셋째가 '상상력'이다.

결단이란 어떤 목표를 달성하기로 결심하는 것을 뜻한다. 따라서 원하는 바를 이루기 위해서는 반드시 결단해야 한다고 말한다. 이때 주의할 점은 단순히 결정 내리는 것만으로는 부족하다는 것이다. 구체적인 계획을 세우고 실천해야만 실질적인 성과를 얻을 수 있기 때문이다. 이어서 신념이란 일종의 자기암시와도 같다. 가령 '나는 부자가 될 거야'라고 반복해서 말하면 정말로 부자가 될 수 있다는 건데, 물론 처음에는 다소 황당하게 느껴질 수도 있지만 꾸준히 하다 보면 어느덧 현실이 된다고 한다. 마지막으로 상상력이란 미래지향적인 사고방식을 뜻한다. 지금 당장 이룰 수 없는 소망일지라도 언젠가 꼭 이루고 말리라는 강한 의지를 갖고 끊임없이 노력한다면 언젠가는 실현될 수 있다는 얘기이다.

    나는 요즘 SNS에 초긍정 메세지를 공유하고 있다. 매일매일 하다 보니 벌써 215번째 글을 올리게 되었다. '초긍정메세지 215일 - 늘 긍정적인 면만 바라보고 밝게 미소 지으며 자신감과 낙천적인 태도를 잃지 말아야 한다.' 이런 글들을 쓰고 생각하고 소통하고 공유해서 그런지 나의 한지작품에서도 긍정적인 메시지들이 많이 숨어 있다.

오늘의 작품 「웃음」도 그 안에 긍정 에너지(메시지)를 한껏 머금고 있다. 작가인 나는 한지를 풀칠하고 뜯으며 인생길을 걸어가는 우리들의 다양한 모습을 담는다. 특히 이렇게 캔버스에 내면의 긍정적인 마인드를 '웃음'으로 표현할 때는 나도 모르게 미소를 짓게 된다. 옛 속담에 "웃는 얼굴에 침 못 뱉는다."라는 말이 있듯이 긍정과 웃음은 사람의 마음을 밝게 이끌어주는 역할을 한다.

우리의 삶은 지금까지 그러했듯 앞으로도 많고 많은 일들이 실타래 풀리듯 계속 이어질 것이다. 저마다 자기 안에 긍정메시지 하나쯤은 가지고 있어, 환한 웃음처럼 삶을 밝히는 소중한 등불이 되기를 소망해 본다.

18 한지와 고무신의 색감

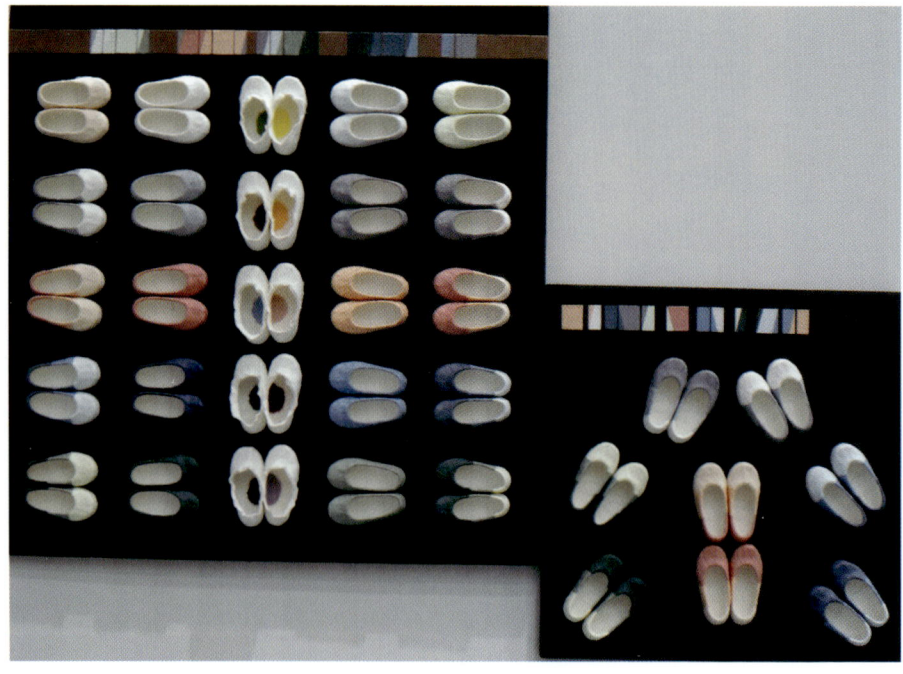

한지란 닥나무와 뽕나무의 섬유질 등 천연 재료로 만들어지기

때문에 한지는 자연이 가지는 질감을 그대로 갖고 있다. 한지는 전통적인 한지 제작 방법으로 인해 곱고 질기며, 마치 살아서 숨쉬는 듯한 생명감을 느낄 수 있다.

"밀가루를 풀고 저으면서 풀이 되는 것을 보세요. 풀이 용암처럼 뽀글뽀글 할 때 불을 끄고 식혀서 풀을 사용합니다."
한지고무신을 만들 때 풀을 만드는 일을 가장 먼저 한다.
"풀칠한 한지를 고무신 위에 겹겹이 붙이세요."
모두들 원하는 색깔의 한지에 풀칠하기 시작한다.
"다 붙였어요."
손이 빠른 학생이 벌써 다하고 기다린다.

한지를 말리는 작업에 들어간다. 공방에서는 열판이 없으므로 드라이기기를 사용해 말리기도 하지만 때때로 고무신에 바른 한지가 더 마를 수 있도록 다음 날 고무신을 빼내기도 한다.
"그럼 이제 고무신을 비틀어서 신발 안에서 빼내세요."

"와아~신발이 나왔어요."

한지는 추운 겨울에 차가운 맑은 물로 제작되는데 차가운 물은 섬유질을 탄탄하게 죄어준다. 그래서 종이가 **빳빳**한 감촉을 가지면서 힘이 있고 질이 좋아 박테리아 등의 미생물이 번식하는 것을 막아주고 닥풀의 작용을 도와 매끄럽고 광택을 더하게 하기 때문에, 차가운 물로 만들어진 한지는 일반 양지와는 다른 고유한 특성을 갖고 있다.

한지는 기름을 사용한 장판 등 일부 종류를 제외하고는 양지에 비해 습기 흡수성이 매우 뛰어나다. 이러한 습기성은 한지의 재료인 닥섬유의 고유한 특성에 기인한다. 이런 습기성은 시대적 환경에 의해 만들어진 부분도 있다. 전통적으로 우리나라는 붓과 먹물을 가지고 글을 쓰고, 그림을 그렸기 때문에 여기에 적합하도록 먹물을 흡수하기 용이한 얇고 반투명한 종이를 제작해 왔기 때문이다. 이러한 흡수성으로 인해 서양 미술 재료의 주를 이루는 기름과는 잘 어울리지 못한다. 양지는 물에 약해서 물과 함께 만나면 쉽게 흡수되어 버리지만, 한지는 물을 일정량 흡수하여도 큰 변화를 보이지는 않는다.

또한, 한지는 섬유 사이에 적당한 공간을 가지고 있어서 공기를 소통시키는 특성을 갖고 있고, 햇빛을 투과시키는 특성을 가지고 있다. 이러한 한지의 통기성과 햇빛 투과성으로 인해 우리 조상들은 창호지로 많이 사용하였다. 한지의 흡수성과 통기성, 햇빛 투과성 등은 미술의 새로운 분야를 가능하게 하고, 기존의 재료에서 느낄 수 없는 미를 얻을 수 있도록 한다.

양지는 일률적이고 획일화되어 있는데 반해 한지는 제조 과정에서 알 수 있듯이 대부분의 공정이 사람의 손에 의해 이루어지고 있어서 동일한 장소에서 동일한 방법으로 제작된다 할지라도 획일적으로 동일한 품질과 크기의 제품을 만들기가 힘들다. 이러한 한지의 특성은 그만큼 미술 재료로써 다양하게 활용될 수 있으며, 이로 인해 미술 재료로 사용되었을 때 주는 느낌도 다르게 나타난다. 결국 이것은 재료의 다양성을 가져다 주는 한지의 고유한 장점이라 할 수 있다.

한지는 재료로써의 다양성과 함께 가변성도 가지고 있다. 한지는 부드럽고도 질긴 성질을 갖고 있어 엮고, 구기고, 비틀어서 다양한 효과를 낼 수 있다. 회화에서부터 종이 공예, 서예, 조소의 영역에까지 활용될 뿐만 아니라 다른 매체와 혼합하여 다양한 형태로 변화시킬 수 있는 가변성을 갖고 있다.

실제 이러한 성질을 이용하여 옛날부터 한지는 거의 모든 재료를 대신하는 다양한 용도로 사용되어 왔다. 유리 대용으로 창문에 바르고, 조명등을 만드는데 사용하며, 장판을 바르고, 부채를 만들기도 하였으며, 지화, 지폐, 부적 등의 제작 재료로도 사용되었다.

또한, 한지는 동양적인 고전미를 가지고 있다. 한지에서 느껴지는 은은함이나 온화함, 소박함과 자연스러움 등은 결코 양지에서는 느낄 수 없는 것으로써 이는 한지의 고유한 특성일 뿐 아니라 한국적인 정서와도 일치한다.

"고무신에서 한지를 빼내니 더 이쁜 한지고무신이 되었네요."
한지고무신이 나올 때마다 들려오는 환호성이 한옥마을에서 살아가는 한지작가에게 힘을 주는 마력을 지니고 있음을 알기에 오늘도 나의 어깨는 힘이 들어가기 시작한다. 눈으로 신고, 마음으로 신는 아기자기한 한지 고무신들이 가지런히 놓인 모습이 정겹고 귀엽다.

19 삽살개

한지의 표현 중에 줌치기법을 사용하는 예가 많이 있다.

한지작품을 만들 때 다양한 표현을 하기에 줌치기법이 아주 용이하다. 한지를 물에 넣었다 빼면서 손으로 주무르는 방향에 따라 한지의 결이 나타나는데 한지의 섬유질이 서로 엉키게 되면서 또 다른 모습의 한지가 된다. 우리는 이것을 줌치기법을 사용한 한지라고 한다.

우연한 기회에 삽살개인형과 마주하게 되었다.

모양은 삽살개인데 털을 한지로 표현하려고 하니, 떨어지고 축 처지는 모양이 마음에 들지 않았다. 그리고 털을 만지면 사그락사그락 하는 소리가 나면 좋겠다는 생각이 들었다. 한지를 오리고 물에 적신 후 줌치기법을 사용한 지 일주일이 지나자 힘에 겨워 포기하고 싶은 마음이 일었다. 하지만 한 번만 더 하자는 마음으로 줌치를 했을 때 원하는 모양의 털이 자연스럽게 나왔고 털을 만질 때도 사그락사그락 소리가 났다. '유레카'라는 말이 저절로 나왔다.

요즘 핸드크림계의 에르메스라 불리는 '탬버린즈'라는 브랜드에서 우리가 만든 삽살개를 마음에 들어 하셨고 향수와 함께 론칭할 때 삽살개가 쓰이게 되는 행운을 가지게 되었다. '탬버린즈'는 블랙핑크의 '제니'가 모델로 나오는 핸드크림이 아주 유명하다고 한다.

  우리가 만든 삽살개는 '귀신과 액운을 쫓는 개'라는 뜻을 지닌, 이름 자체도 순수한 한국어로서 가사(歌詞), 민담, 그림 속에 자주 등장한다. 신라시대에는 주로 귀족사회에서 길러져 오다가 통일신라가 망하면서 일반 백성들이 키우게 된 것으로 알려져 있다. 우리 집에서도 공방에서도 복실복실한 털을 가진 삽살개는 우리를 지켜주는 수호신이 될 듯하다.

4부 · 그 밖의 닥종이인형

옛 선비의 모습을 표현한 닥종이인형

닥종이인형 작품 〈불가역적〉

닥종이인형으로 만나는
〈평화의 소녀상〉

〈대한민국 만세〉 만세를 부르는 아이들을 닥종이인형으로 표현한 작품

〈쥐불놀이〉
빈 깡통에 볏짚을 넣고 불을 피워
빙글빙글 돌리며 놀던 놀이를
닥종이인형으로 표현

<노부부> 옛날 우리 선조들의 모습을 노부부로 표현한 작품

<어부바> 어릴 적 엄마에게 업혀서 놀았던 모습을 표현한 작품

<화합> 남과 북의 통일을 염원한 작품

<장미한지악세사리>
한지악세사리 중 장미를
한지로 접어 몰딩 안에
넣어 만든 작품

<Beyond> 한지고무신과 사각 닥종이인형을 함께
어우러지게 놓고 그 너머에 있을 이상을 꿈꾸는
작품

<바리스타>
바리스타를 현대적으로 표현한 작품

〈어린시절〉 바람개비를 날리며 뛰놀던 어린시절을 표현한 작품

동화책《다코와지코의
일곱빛깔 무지개》에 나오는
주인공 캐릭터 '다코와 지코'

〈인생〉 사각 닥종이인형   〈삶〉 사각 닥종이인형

〈수숨음〉 사각 닥송이인형

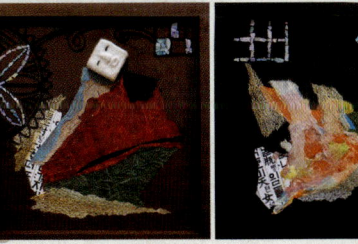

〈사계절〉 봄, 여름, 가을, 겨울을 사각 닥종이인형과 자개로 표현한 작품

〈모두 다 함께〉 사각 닥종이인형의 표정을 다양한 시도로 만들어 본 작품

사각 닥종이인형 〈소통〉의 일부분을 확대

〈세 형제〉
형제들의 모습을
얼굴표정으로
표현

〈무지개〉 일곱 빛깔 무지개로 표현한 사각 닥종이인형

 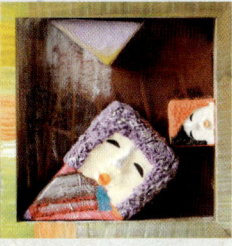

〈향해가다 1, 2〉
희망을 향해가는
사람들의 모습을 사각
닥종이인형으로 표현

〈행복한 일상〉
우리가 살아가는
일상을 행복한
표정으로 표현

전주한옥마을 박금숙닥종이인형연구소 공방 안 전경

박금숙의 닥종이인형 이야기
한지의 숨결

초판인쇄 2024년 6월 18일
초판발행 2024년 6월 26일

지은이 박금숙
발행인 조현수
펴낸곳 도서출판 프로방스
기획 조영재
마케팅 최문섭
편집 문영윤

본사 경기도 파주시 광인사길 68, 201-4호(문발동)
물류센터 경기도 파주시 산남동 693-1
전화 031-942-5366
팩스 031-942-5368
이메일 provence70@naver.com
등록번호 제2016-000126호
등록 2016년 06월 23일

정가 28,000원
ISBN 979-11-6480-358-3 (13630)

파본은 구입처나 본사에서 교환해드립니다.